Historische Rosen

Sofia Blind

Historische Rosen

SORTEN
GESCHICHTEN
GARTENTIPPS

Inhalt

Vorwort

Oh, wer um alle Rosen wüsste,
die rings in stillen Gärten stehn –
oh, wer um alle wüsste, müsste
wie im Rausch durchs Leben gehn.

Christian Morgenstern

Niemand weiß um alle Rosen. Seit Jahrmillionen wachsen Rosen auf dieser Erde, seit Jahrtausenden kultivieren die Menschen sie in ihren Gärten, seit Jahrhunderten werden neue Sorten gezüchtet. Kein Wunder, dass es inzwischen unüberschaubar viele Varietäten gibt: Über 40.000 verschiedene – mehr, als ein Mensch kennen kann – listet eine der größten Rosen-Datenbanken auf. Dazu gehören historische Schönheiten wie Madame Hardy und bizarre Gewächse wie die grüne Viridiflora, Duftrosen der Antike wie Quatre Saisons und Klassiker des Mittelalters wie die Hundsrose, zwergenhafte Topfblümchen wie Rouletii und riesige Kletterrosen wie Félicité et Perpétue (und natürlich moderne Massenrosen wie Gloria Dei, von der angeblich hundert Millionen Stück verkauft wurden).

Die hier vorgestellten historischen Rosen sind nur eine Auswahl dessen, was für Rainer Maria Rilke »die volle zahllose Blume, / der unerschöpfliche Gegenstand« war: Zuchtsorten und Wildarten, die wegen ihrer besonderen Schönheit, ihrer aufregenden Geschichte, ihres ökologischen Werts, ihres umwerfenden Dufts oder ihrer uralten Tradition einen Platz in diesem Buch und unseren Gärten verdient haben. Botanische *Arten*, also Wildrosen, sind am zweiteiligen lateinischen Namen zu erkennen: Nach ihrem Vornamen *Rosa* folgt nur noch ein Nachname wie *canina* oder *rugosa*. Bei Rosen*sorten* handelt es sich dagegen um menschengemachte Züchtungen oder Selektionen, deren mal klangvolle, mal sperrige Namen den Launen ihrer Schöpfer entspringen und die lateinischen Benennungen ersetzen oder ergänzen. Zu den »alten« Rosen zählen dabei nur Arten und Sorten aus den klassischen Rosengruppen; die modernen, spitzblütigen und oft duftlosen »Edelrosen«, deren Ära 1867 mit der historisch bedeutsamen Sorte La France begann, gehören nicht dazu. Ein kurzer Überblick zur langen Geschichte unserer Rosen und den wichtigsten Rosengruppen folgt auf den nächsten Seiten.

Anschließend werden fünfzig alte Rosen ausführlich und viele weitere in Kurzform vorgestellt, der Einfachheit halber nach ihrer ungefähren Größe sortiert in Beetrosen (bis 150 Zentimeter hoch), Strauchrosen (150 bis 250 Zentimeter) und Kletterrosen (über 250 Zentimeter). Jedes Rosenporträt enthält neben der Geschichte der betreffenden Rose auch praktische Informationen wie Wuchsform und Blütezeit – einmalblühend, remontierend (im Herbst nachblühend) oder öfterblühend. Einmalblühende Sorten sind übrigens oft besonders prächtig; wie Flieder oder Magnolien bündeln sie ihre ganze Kraft in ein paar spektakuläre Wochen.

Bei den Bildern in diesem Buch handelt es sich zumeist um historische Illustrationen des berühmten Rosenmalers Pierre-Joseph Redouté (Näheres zu Rosen in der Buchkunst ab S. 140). Redoutés Rosenporträts tauchen aus gutem Grund fast nie in Gartenbüchern auf: Sein Werk *Les Roses* enthält zahlreiche frei erfundene Sortennamen in »vornehm klingendem Pseudo-Lateinisch«, wie der Rosenkenner Brent Dickerson spottete. Mit der üblichen Rosen-Nomenklatur haben sie nur wenig zu tun, was die Identifikation der dargestellten Rosen zu einem botanischen Ratespiel macht. Schon Redoutés Zeitgenossen wie der bekannte Rosenzüchter Vibert beschwerten sich darüber, und 1957 klagte die Rosenkennerin Alma de l'Aigle, es handele sich um »heute nicht mehr lebende Rosen«. Zum Glück hatte sie unrecht: Dank der Detektivarbeit der belgischen Botanikerin Gisèle de la Roche konnten inzwischen viele Redouté-Rosen identifiziert werden. Sie existieren also nach wie vor – nicht nur als künstlerische Impression, sondern als ganz reale Gartenpflanzen.

Im Anschluss an die Sortenporträts folgen daher Gartentipps und Rosenrezepte. Im Adressteil ist nachzulesen, wo es alte Rosen zu sehen und zu kaufen gibt; alle in diesem Buch vorgestellten Sorten sind nach wie vor in guten Rosenschulen erhältlich. Rosen werden vegetativ durch Stecklinge oder Veredelung vermehrt, quasi geklont – wer eine historische Rose pflanzt, bekommt also (hoffentlich) eine genaue genetische Kopie jener Pflanze, die vor Hunderten oder gar Tausenden von Jahren die Menschen erfreute. Schon damals galt nämlich, was Hieronymus Bock 1560 in seinem *Kreuterbuch* schrieb:

»Ein jeglicher hat seine Rosen lieb.«

Die Geschichte der Rosen in Europa

VORZEIT

Die Rose ist älter als der Mensch

Die Dinosaurier waren schon weg, der Mensch noch nicht da: Vor ungefähr 35 Millionen Jahren, als das Klima sich abkühlte und die subtropischen Regenwälder allmählich verschwanden, tauchten die ersten Rosen auf der Erde auf. Sie teilten sich die neu entstehenden Mischwälder und Savannen der Nordhalbkugel mit seltsamen, mittlerweile ausgestorbenen Grasfressern wie dem riesigen, nashornartigen Brontotherium und den ersten Urpferden. Und genau wie die Säugetiere durchliefen die Rosen einen komplexen Evolutionsprozess: Aus Ur-Rosen wie *Rosa lignitum*, deren Blätter als Fossilien erhalten sind, entwickelten sich im Lauf der Jahrmillionen zahlreiche Wildrosenarten. Botaniker waren sich lange uneins über ihre Zahl – im 19. Jahrhundert zählte der Franzose Michel Gandoger 4266 Rosenarten, die englischen Botaniker George Bentham und Joseph Dalton Hooker nur 30. Heute listet die Pflanzen-Datenbank der Botanischen Gärten von Kew insgesamt 262 verschiedene Wildrosen auf, von *Rosa abietina*, einer zarten, vom Aussterben bedrohten weißen Rose der Hochalpen, bis *Rosa zuvandica*, einer Strauchrose aus dem Kaukasus. Ihre Vielfalt ist überwältigend: Es gibt 30 Meter hohe Kletterrosen mit riesigen Blüten wie *Rosa gigantea*, aber auch Kleinsträucher wie *Rosa carolina*; das Farbspektrum reicht von – natürlich – Rosa über Weiß bis zu Gelb, Orange und Rot. Kaum hatten die Menschen das Nomadendasein hinter sich gelassen und die ersten Zivilisationen errichtet, entdeckten sie diese Rosen für sich.

ANTIKE
Rosenkult und Rosenorgien

Sargon von Akkad, König von Mesopotamien, Adoptivsohn eines Palmbauern, Nachfolger von Ur-Zababa, Sieger über Lugalzagesi, Vater der Hohepriesterin Enheduanna, brachte vor über 4000 Jahren nicht nur Feigenbäume und Weinstöcke von einem Feldzug aus dem Osten mit, sondern auch die ersten Rosen. Schon bald danach wurden die Tempel des Zweistromlandes mit kostbarem Rosenöl gesalbt, und Rosen schmückten die legendären hängenden Gärten von Babylon. Auch auf den berühmten Fresken im Palast von Knossos auf Kreta, die um 1600 vor Christus entstanden, sind nicht nur Stierkämpfe und Delfine zu sehen, sondern auch Rosen, und in China sollen sogar schon etwa tausend Jahre früher Rosen kultiviert worden sein.

Aus Mesopotamien gelangte die Rose ins antike Griechenland. Homer besang in seiner Odyssee die »Rosenfinger« der Morgendämmerung, und um 600 vor Christus schrieb die Dichterin Sappho wehmütig: »du hast vielleicht schon vergessen, wie schön unser Leben war, / wie du Veilchen und Rosen viel / hier zu Kränzen gebunden hast«. Im Aphrodite-Kult spielten Rosen eine wichtige Rolle, weil die Legenden um die Geburt der Göttin und den Tod ihres Geliebten Adonis um Rosen kreisten. Sie waren aber auch als Heil- und Gartenpflanzen beliebt: Herodot berichtete von einer sechzigblättrigen Rose, die er in den Gärten des sagenhaft reichen Königs Midas gesehen hatte, und der Aristoteles-Schüler Theophrast schrieb schon um 300 vor Christus in seiner Naturgeschichte, man unterscheide »viele verschiedene« Rosen nach Rauigkeit oder Glätte, Farbe, Wohlgeruch – und nach der Zahl der Blätter: Es gebe Rosen mit fünf, zwölf, zwanzig oder hundert Blättern (was botanisch nicht so ganz stimmt).

Von Griechenland aus wanderte die Rose nach Ägypten – wo Kleopatra ihren Liebhaber Antonius auf einem knietiefen Teppich aus Rosenblüten empfing – und nach Rom. In der Kaiserzeit wurde der Rosenkult auf die Spitze getrieben: Wie der Historiker Sueton berichtete, pflegte Kaiser Nero bei seinen Orgien die beweglichen Elfenbeinplatten der Speisesaaldecke öffnen zu lassen, woraufhin Massen von Blütenblättern auf die Gäste herabschneiten, bis sie wahrhaftig auf Rosen gebettet waren; aus Röhren wurde kostbare Rosenessenz im Raum versprüht. Allein die Kosten dieser Essenz konnten bei einem einzigen Gastmahl bis zu 400.000 Sesterzen betragen, mehr als das Jahresgehalt eines Provinzstatthalters. Elagabal, ein späterer römischer Kaiser, trieb den Rosenwahn noch weiter: Angeblich ließ er so riesige Berge von Rosenblüten auftürmen, dass einige seiner Gäste darin erstickten.

MITTELALTER & FRÜHE NEUZEIT
Von wilden und zahmen Rosen

»Wir wollen, dass jeder folgende Kräuter im Garten hat«, verfügte Karl der Große um 800 nach Christus in seiner Landgüterverordnung *Capitulare de villis*, einer Richtline für die Verwalter der kaiserlichen Güter. Die nachfolgende Liste begann mit der Lilie, gleich auf dem zweiten Platz folgte die Rose, danach zahlreiche Nutzpflanzen wie Erbsen, Bohnen und Salat sowie Gartenkräuter wie Rosmarin oder Koriander. Tatsächlich galt die Rose im Mittelalter auch als Nutzpflanze: In den Kräutergärten der Klöster wurde die rote Apothekerrose (S. 19) kultiviert, die zu den ältesten Gartenpflanzen Europas gehört und als Arznei für zahlreiche Krankheiten galt. Leonhart Fuchs empfahl 1543 in seinem *Kreüterbuch* in Wein gekochte Rosen für Leiden an Augen, Zahnfleisch und Darm, Rosenpulver als Heilmittel für Wunden, Hagebutten gegen Durchfall und Rosenzucker zur Kräftigung von Magen und Leber.

Gleichzeitig war die Rose auch Symbol: In Minneliedern stand sie (wie schon in der altpersischen und griechischen Dichtung) für Liebe und Eros, auf Marienbildern für Reinheit und Unschuld. Botanisch unterschied man im Mittelalter wilde und »zahme« Rosen. Zu den damals bekannten Wildrosen zählten unter anderem die Hunds- und die Weinrose (S. 115 u. 93), bei den »zahmen«, gezüchteten Gartenrosen kannte man rote, »leibfarbene« und weiße Varianten. Viele von ihnen waren schon mit den Römern über die Alpen gelangt; später brachten die Kreuzfahrer die ersten duftenden Damaszener-Rosen aus dem Orient mit. Mit den Entdeckungsreisen der frühen Neuzeit und dem Ostasienhandel gelangten weitere Sorten nach Mitteleuropa, darunter strahlende gelbe Rosen aus Persien und die ersten dauerblühenden Rosen aus China: sensationelle Neuheiten, die ein wahres Rosenfieber auslösten.

DER ROSENGARTEN VON MALMAISON, 1799–1814
Die Kaiserin und ihr Maler

Sie schuf das erste Rosarium Europas: Sämtliche Rosen der Welt wollte Kaiserin Joséphine im Garten ihres Schlosses Malmaison bei Paris versammeln. Joséphine, seit 1810 von Napoleon geschieden, durfte ihren Titel weiterhin tragen und tröstete sich mit ihrem Garten. Sie pflanzte einheimische Wildrosen und seltene Zuchtsorten, Vertrautes wie die Hundsrose und Exotisches wie die *Rosa persica* (S. 43). Pflanzensammler brachten ihr Fundstücke aus aller Welt, befreundete Adelige schickten Rosen aus europäischen Nachbarländern, und als die erste Teerose aus China im – damals feindlichen – England eintraf, schaffte Joséphine es mit einer Sondergenehmigung, sie trotz Kontinentalsperre nach Frankreich zu holen.

Ungefähr 250 Rosensorten umfasste ihre Sammlung zuletzt; um sie für die Nachwelt festzuhalten, beauftragte sie den Maler Pierre-Joseph Redouté, jede der Rosen zu porträtieren. Kaum hatte er begonnen, starb Joséphine im Alter von nur fünfzig Jahren – allerdings war Redouté nicht nur ein großartiger Pflanzenmaler, sondern auch ein begabter Geschäftsmann: Er machte auf eigene Rechnung weiter, gab bei dem Botaniker Claude-Antoine Thory Begleittexte in Auftrag und verkaufte seine Rosenporträts über ein Subskriptionssystem an zahlende Abonnenten. Das daraus entstandene Buch *Les Roses* wurde ein Bestseller – die kaiserlichen Rosen und Redoutés Porträts lösten in Frankreich und später in ganz Europa Begeisterung für die Rosenzucht aus.

DAS 19. JAHRHUNDERT
Die goldene Ära der Rosen

Erstaunliche 5007 Rosensorten, von Abadie de Rougemont bis Zumalacarreguy, führte Theodor Nietner 1880 in seinem 135 Seiten langen »Verzeichnis aller bekannten Gartenrosen« auf – eine rasante Steigerung gegenüber den etwa 250 Rosenvarietäten, die man um 1800 kannte. Die Zahl der Sorten war seit Beginn des Jahrhunderts geradezu explodiert. 1810 hatte der französische Züchter Jean-Pierre Vibert begonnen, Rosen aller bekannten Gruppen systematisch zu kreuzen; schon bald konnte er über 600 verschiedene Sorten anbieten, darunter auch Remontant-Rosen, die dank ihrer Verwandtschaft mit den neu eingeführten China-Rosen »remontieren«, also nach der Hauptblüte noch einmal nachblühen. In seinem berühmten *Essai sur les Roses* widmete Vibert 1824 ein ganzes Kapitel dem Thema »Irrtümer und Übertreibungen«: Er räumte mit der Legende auf, Rosen ließen sich durch Kornblumenextrakt im Gießwasser blau färben, schimpfte über Kollegen, die in »pompösen Ankündigungen« die Qualität neuer Züchtungen schamlos übertrieben (ein Problem, das noch heute besteht ...), und legte sich sogar mit dem großen Rosenmaler Redouté an: Dessen Sortennamen seien frei erfunden; oft könne man »nur raten, was der Künstler darstellen wollte«.

Viberts Tiraden taten dem Erfolg der Rose keinen Abbruch. In der zweiten Hälfte des 19. Jahrhunderts grassierte das Rosenfieber in ganz Europa. Man trug Rosen im Knopfloch, hielt Rosen im Garten, im Zimmer und auf der Fensterbank und begeisterte sich für zarte Duftrosen wie Maréchal Niel (S. 121) oder Niphetos (S. 39). Rosengesellschaften, Zeitschriften und Fachbücher befassten sich mit neuen Sorten, modischen Wuchsformen wie Trauerstämmchen, Girlanden oder Pyramiden und der Kunst der Rosentreiberei im Gewächshaus. Züchter und Amateure experimentierten mit Kreuzungen verschiedener Rosenfamilien und präsentierten bei Wettbewerben immer neue Sorten. Allmählich verdrängten die neuen, mehrmals blühenden Remontant- und Teerosen die einst so beliebten Bourbon-Rosen. Und 1867 kam eine neue Rose auf den Markt, die alles änderte: La France, die erste Teehybride (S. 37). Mit dieser öfterblühenden, spitzknospigen Sorte endete die große Zeit der alten Rosen.

20. & 21. JAHRHUNDERT
Von alten modernen zu neuen »alten« Rosen

La France war der Beginn der Rosenmoderne: Im 20. Jahrhundert waren nur noch neue Sorten gefragt – mehrfachblühende Teehybriden mit schmalen Knospen und festen, hohen Blüten. Die großblumigen alten Tee-, Bourbon- und Remontant-Rosen verschwanden nach und nach aus den Gärten, und nach dem zweiten Weltkrieg schien die Ära der alten Rosen endgültig vorüber zu sein. In den 1950ern schrieb der Rosenzüchter Wilhelm Kordes, nachdem er sich wehmütig an schöne alte Sorten wie Félicité et Perpétue (S. 111), Général Jacqueminot (S. 31) und Maréchal Niel erinnert hatte: »Doch lassen wir diese Träume, nur die Alten unter uns wissen, was für Herrlichkeiten für ihre Zeit die genannten und noch viele, viele Sorten waren; heute stehen sie nur noch im Rosenlexikon«, und Alma de l'Aigle zitierte die Klagen älterer Rosenfreunde: »Die Rosen unserer Jugend, sie sind dahin! So schöne Rosen gibt es heute nicht mehr.«

Neue Lieblinge ersetzten die alten Sorten. In den 1950er- und 1960er-Jahren eroberten knallbunte, vielblütige Floribunda-Rosen und »Edelrosen« mit duft- und makellosen Blüten die Gärten. Die bonbonrosa Queen Elizabeth und die gelb-rosa schattierte Gloria Dei waren die Moderosen jener Zeit; in den 1970ern liebte man The Fairy, eine robuste, dauerblühende Bodendeckerrose in süßem Babypink. Bei den Kletterrosen verdrängten neuere Sorten wie die öfterblühende hellrosa New Dawn und die rasant wuchernde weiße Rambler-Rose Kiftsgate die historischen Klassiker.

Als es gerade um die alten Rosen geschehen zu sein schien, erwachten sie zu neuem Leben: In den 1980ern verhalfen ihnen engagierte Rosenzüchter wie Ingwer Jensen aus Glücksburg und Traditionsunternehmen wie die Steinfurther Rosenschule Schultheis zu einer Renaissance. Zu den alten Sorten gesellten sich neue Züchtungen im alten Stil – am bekanntesten sind die öfterblühenden, duftenden »Englischen Rosen« des britischen Züchters David Austin. Andere Rosengärtnereien zogen mit blumig benannten Neuerungen wie »Nostalgie-Rosen«, »Märchenrosen« oder »Romantica-Rosen« nach. Oft ähneln sie mit ihren großen, duftenden Blüten äußerlich den alten Rosen – eines fehlt ihnen allerdings: deren faszinierende Geschichte.

Die wichtigsten Rosengruppen

ALBA-ROSEN *Alba* heißt auf Lateinisch »weiß«, und tatsächlich sind alle Rosen dieser uralten Gruppe weiß oder hellrosa. Im Sommer tragen Alba-Rosen zarte, duftende Blüten vor graugrünem Laub, sind aber dennoch robust: Sie bilden kräftige und extrem winterharte Büsche, die Schatten vertragen und gut in naturnahe Gartenbereiche passen.

BIBERNELL-ROSEN Die zahlreichen kleinen Blüten dieser anspruchslosen Rosen erscheinen schon im späten Frühjahr an langen Trieben. Ihre Blättchen, die denen der Pimpernelle ähneln, haben ihnen den lateinischen Namen *pimpinellifolia* eingebracht, die vielen Stacheln das Synonym *spinosissima*, »sehr stachelig«.

BOURBON-ROSEN 1817 entstand auf der Île Bourbon, heute La Réunion, eine Zufallskreuzung zwischen einer China- und einer Damaszener-Rose. Die neue Rose wurde zur Stammmutter einer ganzen Gruppe: Im 19. Jahrhundert entstanden Hunderte farbenprächtiger, duftender Bourbon-Rosen, die oft im Herbst nachblühen, darunter weltberühmte Sorten wie Souvenir de la Malmaison oder Reine Victoria.

CHINA-ROSEN Als die China-Rosen im späten 18. Jahrhundert nach Europa gelangten, waren sie als erste echte Dauerblüher eine Sensation. Diese wunderschönen, aber eher schwachwüchsigen und zarten Sorten tragen lockere, duftende Blüten und lieben warme Standorte.

DAMASZENER-ROSEN Diese duftenden rosa Rosen werden im Orient seit Jahrtausenden zur Herstellung von Rosenwasser und Rosenöl kultiviert; angeblich gelangten sie mit den Kreuzfahrern von Damaskus nach Europa. Die berühmteste Sorte ist die öfterblühende Quatre Saisons.

GALLICA-ROSEN Die schon im alten Rom kultivierten Gallica-Rosen wurden im 19. Jahrhundert als Basis zahlreicher Züchtungen verwendet – es entstanden über tausend meist einmalblühende Sorten, von denen viele zu Klassikern wurden. Sie bilden rundliche, kleinere Büsche mit borstigen Stacheln, große Blüten in kräftigen Farben von Rosarot bis Violett und im Herbst schöne Hagebutten.

MOOSROSEN Moosrosen sind eine Mutation der Zentifolien und unterscheiden sich von diesen nur durch ihre pelzigen, mit harzig duftendem »Moos« überzogenen Knospen und Blütenstiele.

NOISETTE-ROSEN Diese alte Gruppe meist öfterblühender, starkwüchsiger, aber etwas frostempfindlicher Kletterrosen ist nach dem französisch-amerikanischen Züchter Philippe Noisette benannt.

PORTLAND-ROSEN Die Abstammung dieser öfterblühenden, meist kräftig roten Rosen von kompaktem Wuchs ist zwar umstritten, ihren Namen verdanken sie aber zweifellos der Herzogin von Portland.

RAMBLER-ROSEN Ein Überbegriff für alle starkwachsenden Kletterrosen, die gerne an Bäumen oder Hauswänden emporklettern, wie ihr englischer Name *rambler*, »Wanderer«, andeutet.

REMONTANT-ROSEN Zahlreiche Rosensorten des späten 19. Jahrhunderts gehören zu dieser »remontierenden«, also ein zweites Mal nachblühenden Gruppe. Remontant-Rosen tragen oft besonders prächtige, duftende Blüten, müssen aber gut gepflegt werden.

RUGOSA-ROSEN Robuste, von der japanischen *Rosa rugosa* abstammende Rosen, die Büsche mit frischgrünem Laub bilden. Oft erscheinen im Spätsommer neben den Blüten schon jene dicken, orangeroten Hagebutten, nach denen die *Rosa rugosa* auch »Apfelrose« heißt.

TEEROSEN Zarte, frostempfindliche Rosen mit typischem Duft, die um 1900 fast kultisch verehrt wurden. Sie stammen aus China – ob ihr Name auf ihren Teeduft, ihre Verpackung in Teekisten oder gar auf die chinesische Gärtnerei Fa Tee anspielt, ist bis heute unklar.

ZENTIFOLIEN Die »hundertblättrigen« Zentifolien-Rosen mit ihren kugeligen, duftenden rosa Blüten sind auf vielen Blumenstillleben alter Meister zu sehen. Die sehr winterharten, aufrecht wachsenden Sträucher tragen ihre typischen großen Blüten im Sommer.

Beetrosen

Zwergröschen, Bodendecker, kleiner bleibende Rosenstöcke – unter »Beetrosen« sind hier alle historischen Zuchtsorten und Wildarten zusammengefasst, die nicht höher als ungefähr 1,50 Meter wachsen (nicht zu verwechseln mit jenen knallbunten, büschelblütigen Neuzüchtungen, die ebenfalls als »Beetrosen« verkauft werden).

Apothekerrose

Bei Kopfweh, Pest, Melancholie

»Man soll nemen ein Handtvoll rother gedörrter Rosen / und die in einer halben maß Weins sieden / und davon denen / so Bauchflüß haben / zu trincken geben«, riet Hieronymus Bocks Kräuterbuch von 1630 bei Durchfall; der englische Arzt Nicholas Culpeper verordnete diesen Rosenwein um 1652 gegen Kopf- und Halsschmerzen. Im Fall von Schwermut empfahl Bock, rote Rosenblätter in Honig zu sieden, bis dieser rot anlaufe, und den Rosenhonig dann in Fencheltee aufgelöst zu trinken: »Dieser Honig stärcket / und vertreibt Melancolische und Phlegmatische materi.« Selbst fiebernde Pestkranke bekamen Rosenarznei: Der deutsche Arzt Philipp Schopf verschrieb ihnen 1583 »für die Hitz des Häupts« Umschläge aus Rosenessig, Rosenöl und Eiweiß, »mit einem reinen Tüchlein über die Stirn«.

Von der Antike bis in die Neuzeit galt vor allem die passenderweise »Apothekerrose« genannte *Rosa gallica officinalis*, eine der ältesten Gartenpflanzen, als Heilmittel für zahlreiche Krankheiten. Wie Hieronymus Bock berichtete, wurde sie zu »Syrup / Honig / Zucker / Conservas / Kraffttäfelein / Latwergen / Eßig / Oely / Pulver« verarbeitet. Latwerge ist eine Art süßer Arzneibrei; was Bock mit »Kraffttäfelein« meinte, ist unklar – vielleicht Rosenblatt-Konfekt oder Hagebutten-Fruchtschnitten? Wer das ausprobieren möchte, kann sich mit der Apothekerrose, die schon im alten Rom und Ägypten kultiviert wurde, eine lebende Antiquität in den Garten holen. Der robuste, rundliche Busch mit seinen strahlend rosaroten Blüten ziert jede Gartenecke – und liefert reichlich Blütenblätter als Heilmittel gegen Melancholie.

SYNONYME

Red Rose of Lancaster, *Rosa gallica officinalis*, Rose de Provins

BESCHREIBUNG

die Rose der mittelalterlichen Heilkräutergärten

GRUPPE

Gallica-Rosen

HERKUNFT

wohl Europa, schon seit der Antike bekannt

BLÜTE

sommerblühend, halbgefüllt, duftend, gute Insektenweide

FARBE

kräftiges Rosarot

WUCHS

ca. 150 × 150 cm, buschig, sehr frosthart

Cécile Brunner

Ein Sweetheart für die Hochzeitstorte

Diese fragile Rose, die tatsächlich wirkt wie ein zartes Fräulein aus dem 19. Jahrhundert, wird auch oft »Mademoiselle Cécile Brunner« genannt. Allerdings dürfte Cécile, die Tochter des Schweizer Rosenzüchters Ulrich Brunner, nicht unbedingt das privilegierte Leben einer höheren Tochter geführt haben: 1891, als sie gerade zwölf Jahre alt war, ging die Rosenschule ihres Vaters bankrott, und er ließ seine Familie sitzen. Wie es Mlle Brunner danach erging, ist nicht bekannt.

Immerhin konnte sie sich damit trösten, dass eine der berühmtesten Rosen der Welt ihren Namen trägt: Die Rosenzüchterin Marie Ducher, damals eine der wenigen Frauen in diesem Metier, taufte 1880 eine dauerblühende Polyantha-Neuzüchtung nach der jungen Schweizerin. Die (heute noch existierende) Rosenschule Schultheis pries diese »reizende Rose« in der *Rosen-Zeitung* von 1886 als Ansteckblume oder im Topf als Fensterschmuck und für den Balkon – sie könne »überhaupt nicht genug empfohlen werden«.

Bis heute sind die kleinen, fast stachellosen Rosen als Dekoration beliebt; sie haben, wie der Rosenfachmann Peter Harkness schreibt, »schon unzählige Hochzeitstorten, Revers und Sträußchen geschmückt«. Auch in den USA war und ist sie populär. Dort heißt sie passenderweise »Sweetheart Rose« oder – weil der Name mit Umlaut irgendwie europäischer aussieht? – »Cécile Brünner«. Ein besonders hübscher US-Brauch ließe sich vielleicht nach Europa importieren: Dort tragen junge Frauen zum Ballkleid sogenannte *corsages*, Armbänder aus Blüten – am besten natürlich aus echten Sweetheart Roses.

SYNONYME
Maltese Rose, Mignon, Mlle Cécile Brunner, Sweetheart Rose

BESCHREIBUNG
lieblich-nostalgisches Schmuckröschen

GRUPPE
Polyantha-Rosen

HERKUNFT
Frankreich, Marie Ducher 1880

BLÜTE
öfterblühend, kleine Blütenrosetten mit eleganten Knospen, Honigduft

FARBE
warmes Rosa

WUCHS
ca. 100 cm hoch, schmaler Strauch oder Kübelpflanze, winterhart

Celsiana

Kokette Schönheit aus zerzauster Seide

Eine Horde tanzender Hippies neben einem Regiment exerzierender Soldaten. Wilde Schönheit neben strenger Eleganz. Zerzauste Seidenknäuel neben perfekten Blütenrosetten. Opulenter Orient versus nüchternes Nordeuropa: In der berühmten Rosensammlung von Kew Gardens, dem königlichen botanischen Garten in Richmond bei London, kann man die wüste Pracht der Damaszener-Rose Celsiana mit der makellosen Alba-Rose Königin von Dänemark (S. 73) vergleichen. Farblich ähneln sich die beiden mit ihren warmen Rosatönen, aber ihre Ausstrahlung könnte kaum unterschiedlicher sein.

Celsiana, die der berühmte Botaniker Jacques Cels um 1800 in Frankreich einführte, wurde einst »*Rosa damascena mutabilis*« genannt, veränderliche Damaszener-Rose, und in der Tat wechselt sie die Farbe: Aus himbeerroten Knospen öffnen sich herrlich duftende rosa Rosen, die beim Verblühen malerisch verblassen. Der niederländische Künstler Jan van Huysum bildete sie mehrfach ab, und der berühmte Rosenmaler Pierre-Joseph Redouté nahm sie in sein Buch *Les Roses* auf. Er kannte und bewunderte Cels, in dessen Garten er zahlreiche Pflanzen porträtiert hatte, und erfand zu dessen Ehren den neuen Sortennamen »Celsiana«. Auch 200 Jahre später hat diese Rose viele Liebhaber – Graham Stuart Thomas pries sie als »in jedem Stadium extrem schön, auf eine lockere, entspannte Weise«, und Bienen lieben ihre üppigen, halbgefüllten Blüten mit den goldenen Staubfäden. Celsiana ist in Frankreich auch unter ihren älteren Namen »Belle Couronnée«, »Abondante« oder »La Coquette« bekannt, und tatsächlich ist sie wie eine blütengekrönte Schönheit: üppig und kokett.

SYNONYME

Abondante, Belle Couronnée, La Coquette, *Rosa damascena mutabilis*, Rose de Van Huysum

BESCHREIBUNG

Rose mit Damaszener-Duft und besonders schönem Farbspiel

GRUPPE

Damaszener-Rosen

HERKUNFT

wohl Niederlande/ Deutschland, um 1750

BLÜTE

sommerblühend, große, halbgefüllte Blüten, sehr starker Duft

FARBE

rosa, zu weiß verblassend

WUCHS

ca. 150 × 120 cm, überhängende Büsche, sehr winterhart

Comte de Chambord

Ein Graf mit drei Identitäten

Handelt es sich beim Comte de Chambord in Wahrheit um Madame Boll oder Madame Knorr? Historisch gesehen weder noch: Der Graf, der 1873 den französischen Königsthron ablehnte, weil ihm die Trikolore-Flagge zu sehr nach Revolution aussah, hat mit der Gattin des nach Amerika ausgewanderten Schweizer Rosenzüchters Daniel Boll ebenso wenig zu tun wie mit Madame Knorr, die 1855 der Pariser Rosenschule Verdier als Namenspatin für eine neue Sorte diente. So weit, so einfach.

Komplizierter wird es bei den Rosen, die nach den dreien benannt wurden. Theodor Nietner führte 1880 in seinem über 5000 Sorten umfassenden »Verzeichnis aller bekannten Gartenrosen« drei getrennte Varietäten auf – Mme Knorr (1855), Mme Boll (1859) und Comte de Chambord, für die er weder Züchter noch Jahr nennt. Das war wohl kein Zufall: Gut hundert Jahre später vermutete der Rosenkenner Brent Dickerson, die heutige Comte de Chambord sei in Wahrheit die ältere Madame Boll. Im Handel ist das Durcheinander noch größer: Die älteste deutsche Rosenschule betrachtet alle drei Namen als Synonyme, andere Händler bieten die einzelnen Sorten getrennt an. Kein Wunder, dass verwirrte Rosenfreunde im Internet darüber debattieren, welche denn nun die »richtige« Boll oder Knorr oder Chambord sei …

Letztlich ist das egal: Diese Rose (oder sind es drei zum Verwechseln ähnliche?) gehört zweifelsohne zum Schönsten, was man in den Garten setzen kann. Bis in den Herbst treibt sie immer wieder riesengroße, satt rosafarbene, duftende Blüten, denen man allenfalls ihre Regenempfindlichkeit vorwerfen kann. Wie sie auch heißen mag – sie ist großartig.

SYNONYME
Madame Boll, Madame Knorr

BESCHREIBUNG
berühmte Duftrose mit unklarem Stammbaum

GRUPPE
Portland-Rosen

HERKUNFT
wohl USA/Frankreich, Verdier 1855, Boll/Boyau 1843/1859 bzw. Moreau-Robert um 1860

BLÜTE
öfterblühend, große, meist geviertelte Blüten, sehr starker Duft

FARBE
kräftig rosa, nach außen heller werdend

WUCHS
ca. 120 cm hoch, schmaler Strauch, sehr winterhart

Double White

Single Malt oder Double Scotch?

Spinosissima lautet der lateinische Nachname dieser Rose, »äußerst stachelig«, und in der Tat sind ihre langen, überhängenden Zweige dicht an dicht mit Stacheln (nicht Dornen!) bedeckt. Das tut ihrer Schönheit keinen Abbruch: Die englische Gärtnerin Gertrude Jekyll lobte 1902 diese »exzellente Pflanze«, die früh und üppig blühe und sich von den meisten anderen Rosen dadurch unterscheide, dass ihre Zweige im Winter »eine Masse aus warmem Bronzerot bilden, die sehr tröstlich wirkt«. Jekyll empfahl sie insbesondere als Bodendecker für Hänge, »statt der langweiligen und meist hässlichen Rasenböschungen, die so viele Gärten entstellen«.

Sie war nicht die Einzige, die sich für die Double White und ihre Verwandten begeisterte. Im Großbritannien des 19. Jahrhunderts gehörten die sogenannten »Scotch Roses« zu den beliebtesten Rosen überhaupt, weil sie leicht zu vermehren sind und auch auf kargen, kalten Böden gedeihen. Um 1830 führten schottische Rosenschulen mehrere Hundert verschiedene Sorten. Die meisten davon sind längst vergessen, aber die Begeisterung für die Double White, die bei den Briten den Spitznamen »Double Scotch« trägt, ist ungebrochen: Graham Stuart Thomas lobte ihre fast schwarzen Hagebutten und den »wundervollen, durchdringenden, köstlichen Duft, frisch wie Maiglöckchen«; die US-Schriftstellerin Page Dickey findet ihre Blütenfülle und die zarten, farnartig gefiederten Blättchen schlicht »umwerfend«. Sie empfiehlt wurzelechte Pflanzen, die Ausläufer bilden – so könne man immer wieder Ableger an Freunde verschenken.

SYNONYME

Double Scotch, Double White Burnet, Elegans

BESCHREIBUNG

robuste, in Großbritannien beliebte Bodendecker- oder Heckenrose

GRUPPE

Bibernell-Rosen

HERKUNFT

unbekannt, vor 1808

BLÜTE

frühjahrsblühend, zahlreiche halbgefüllte, rundliche Blüten, stark duftend

FARBE

weiß

WUCHS

ca. 100–150 cm hoch, überhängend, bildet Ausläufer, robust und frostfest

Duchess of Portland

Scharlachrotes Sammlerstück

Als der Schriftsteller Johann Gottfried Seume im Sommer 1802 auf seinem *Spaziergang nach Syrakus* die Ruinen von Paestum besichtigte, wollte er eine der »Rosen des zweimal blühenden Pästum« erwerben, die schon der römische Dichter Vergil besungen hatte. Zu Seumes Empörung waren jedoch in der ganzen Gegend keine Rosen mehr zu finden; sein italienischer Führer erzählte, »die Fremden hätten sie alle vollends weggerissen«.

Einer dieser Fremden könnte um 1775 von Margaret Cavendish Bentinck, Duchess of Portland, losgeschickt worden sein: Als eine der reichsten und gelehrtesten Frauen ihrer Zeit legte sie eine riesige Kunst- und Naturkundesammlung, einen Privatzoo und diverse Themengärten an und kaufte Tausende von Objekten, Tieren und Pflanzen aus aller Welt, darunter auch die scharlachrote Paestana-Rose, die später den Namen der Herzogin tragen sollte. Der Botaniker Henry Andrews schrieb 1805, sie ähnele einer Mischung aus Apotheker- und Damaszener-Rose (womit er der botanischen Wahrheit recht nahekam) und blühe »in großartiger Pracht«. Ob es sich tatsächlich um die antike Rose von Paestum handelt, ist allerdings bis heute umstritten.

Ab 1782 tauchte die Portland-Rose in britischen Rosenkatalogen auf; mit ihrer Blüte bis in den Spätherbst galt sie als Sensation. Bentincks Schwiegertochter ließ sie trotz einer kriegsbedingten Handelssperre Kaiserin Joséphine für den Rosengarten von Malmaison zukommen, und sie wurde zur Stammmutter einer ganzen Rosenklasse, der Portland-Rosen. Der Charme des Originals ist dennoch unvergleichlich – unermüdlich blühend, bienenfreundlich halbgefüllt und strahlend scharlachrot.

SYNONYME

Paestana-Rose, Portland-Rose, Scarlet Four Seasons

BESCHREIBUNG

knallroter, dauerblühender Klassiker

GRUPPE

Portland-Rosen

HERKUNFT

wohl Italien, vor 1775

BLÜTE

öfterblühend, halbgefüllt, starker Duft

FARBE

strahlend rosa- bis scharlachrot

WUCHS

ca. 90 × 90 cm, gut für Gruppenpflanzungen, sehr winterhart

Général Jacqueminot

Ein roter General für die Yankees

»Für romantische Naturen sind alle Rosen von Romantik erfüllt, und wenn eine bestimmte Rose von einer Insel herstammt, dann verdoppelt die Romantik sich noch, denn eine Insel ist verkörperte Romantik.« Das schrieb die – offensichtlich romantisch veranlagte – Schriftstellerin Vita Sackville-West über die Insel Bourbon, heute La Réunion. Laut Sackville-West hatten die Inselbewohner »die charmante Angewohnheit, ihre Hecken aus Rosen zu pflanzen. Dabei verwendeten sie nur zwei Sorten, die Damaszenerrose und die China-Rose. Diese beiden heirateten heimlich, und eines Tages im Jahre 1817 entdeckte der Direktor des botanischen Gartens (...) einen einsamen kleinen Bastard, Vater oder Mutter der ganzen großen Sippe, die wir heute Bourbonrosen nennen.« So begann eine Weltkarriere: Um 1850 waren die duftenden, öfterblühenden Bourbon-Rosen die beliebteste Rosengruppe.

Allerdings waren sie allesamt rosa oder rosaviolett, niemals »rosenrot« – kein Wunder, dass eine samtrote Remontant-Neuzüchtung großes Aufsehen erregte. Général Jacqueminot »wächst kräftig, blüht üppig und lodert wie Feuer zwischen den blasseren Tönen ringsum«, schrieb Francis Parkman 1866. Dass dieses Lob von einem Amerikaner stammt, ist kein Zufall – die absolut winterharte, unermüdlich blühende rote Rose war in den USA ein Riesenerfolg. Im Schultheis-Rosenbuch von 1889 hieß es, sie habe »im Sturme die Herzen eines jeden Yankee erobert, und es sind dort Gärtner, welche von dieser einzelnen Sorte 40–50.000 Stück kultivieren«. Nur der komplizierte Name kam nicht gut an: In den USA heißt sie bis heute schlicht »General Jack«.

SYNONYME
General Jack, Jack Rose, La Brillante

BESCHREIBUNG
in den USA beliebte, klassisch rote Rose

GRUPPE
Remontant-Rosen

HERKUNFT
Frankreich, Roussel 1853

BLÜTE
öfterblühend, stark gefüllt, sehr starker Duft

FARBE
samtig dunkelrot

WUCHS
ca. 120 × 120 cm, buschig, sehr kräftig und winterhart

Hermosa

Für königliche Rosenteppiche

Sagenhafte 20.000 Rosen bestellte König Edward VII. Anfang des 20. Jahrhunderts für sein Landschloss Sandringham, und zwar von einer einzigen Sorte: *Hermosa*, spanisch »die Schöne«. Damals tobte ein regelrechtes Hermosa-Fieber: Wie das Society-Blatt *The Bystander* 1906 berichtete, war Sir James Blythe der erste, der auf seinem passend benannten Landsitz Blythwood große Hermosa-Beete anlegen ließ. Die Königsfamilie zog nach, nicht nur in Sandringham, sondern auch in den Schlossgärten von Balmoral und Windsor. Dabei wurde Hermosa in Massen gesetzt, um kontinuierlich blühende Farbflächen zu schaffen – *The Bystander* empfahl für ein Beet mit einer Fläche von etwa 7 × 2 Metern (damals wurde in anderen Dimensionen gegärtnert) hundert Pflanzen.

Die Idee eines rosa Blütenteppichs lässt sich natürlich auch im kleineren Maßstab umsetzen. Rose Kingsley schlug 1908 in ihrem Buch *Roses and Rose Growing* vor, Hermosa dicht an dicht zu pflanzen und im zeitigen Frühjahr auf etwa 60 Zentimeter Höhe zu kürzen – ein solches von Mai bis Dezember blühendes Beet sei »ein extrem hübsches Element für den Garten«. Ein Jahrhundert später lobte der berühmte Rosenzüchter David Austin die »prächtige kleine Rose«, die »mit bewunderungswürdiger Regelmäßigkeit« ihre Blüten hervorbringe.

Mit etwas Glück – oder britischem Klima – blüht Hermosa bis Weihnachten; *The Bystander* empfahl sie daher für festliche Tischdekorationen in den letzten Jahresmonaten. Und wer weiß: Vielleicht schmückt auch die britische Königsfamilie, die bis heute jedes Weihnachtsfest auf Schloss Sandringham verbringt, ihre Festtafel mit Hermosa-Rosen?

SYNONYME

Madame Neumann, Mélanie Lemaire

BESCHREIBUNG

dauerblühende Beetrose der vorletzten Jahrhundertwende

GRUPPE

China-Rosen

HERKUNFT

Frankreich, Marchesseau 1832

BLÜTE

öfterblühend bis zum ersten Frost, gefüllt, zarter Duft

FARBE

zartrosa

WUCHS

ca. 90 × 90 cm, in Gruppen für Beete oder niedrige Hecken, winterhart

Kaiserin Auguste Viktoria

Made in Germany

Über dreißig Jahre lang lag Auguste Viktoria unter der Erde. Die Marmorbüste der letzten deutschen Kaiserin und Schirmherrin des Vereins Deutscher Rosenfreunde, die seit 1913 das Rosarium Sangerhausen schmückte, sollte 1950 auf Anordnung der DDR-Behörden entfernt werden. Um sie zu retten, vergruben Mitarbeiter des Rosariums die Büste heimlich; erst 1983 wurde sie durch einen Zufall wiederentdeckt. Seit 2001 ziert Kaiserin Auguste Viktoria das Rosarium wieder – als Marmorbüste, aber auch als Rose.

Der Rosenzüchter Peter Lambert taufte 1891 seine schönste Züchtung nach der Kaiserin: eine dauerblühende, elegant cremeweiße, preußisch-straffe Beetrose mit betörendem Duft. In der *Rosen-Zeitung* beteuerte er, er wolle seiner Züchtung »nicht selbst ein Loblied singen«, pries dann aber doch deren »hervorragende Eigenschaften« und »prachtvollen, edlen Bau«. Mit seiner Bewunderung stand er nicht allein da. 1893 gewann die neue Rose Wettbewerbe in New York, Baltimore und Richmond, und 1897 meldete die *Rosen-Zeitung* erfreut Preise aus England – fünf Jahre zuvor sei das noch anders gewesen: »Die Preisrichter gingen kopfschüttelnd vorbei und sagten achselzuckend ›Made in Germany‹.«

In Deutschland war Kaiserin Auguste Viktoria lange beliebt; Alma de l'Aigle spottete 1957: »Der Bestand dieser Rose war von längerer Dauer als unsere Monarchie.« Sie galt als ideale Brautrose – passenderweise, denn ihre Namensgeberin, die ehemalige Prinzessin von Schleswig-Holstein-Sonderburg-Augustenburg, genoss mit Kronprinz Wilhelm von Preußen das damals seltene Glück einer Liebesheirat.

SYNONYME

Grande Duchesse Olga

BESCHREIBUNG

elegante Beet-, Schnitt- und Brautrose

GRUPPE

Teehybriden

HERKUNFT

Deutschland, Lambert 1891

BLÜTE

öfterblühend, stark gefüllt, üppiger Duft

FARBE

cremeweiß, innen leicht grünlich

WUCHS

60–100 cm hoch, buschig verzweigt, normal winterhart

La France

Der Anbruch der Moderne

Nur eine durfte Frankreich sein: Eine fünfzigköpfige Jury begutachtete bei der Pariser Weltausstellung 1867 über tausend Rosen und befand schließlich einen Zufallssämling des Rosenzüchters Jean-Baptiste Guillot aus Lyon für würdig, den Namen »La France« zu tragen. Später klagte Guillot zwar, die Juroren seien zwei Tage später als angekündigt gekommen und hätten die prächtigen, 14 bis 15 Zentimeter großen Blüten nicht im besten Zustand gesehen – dem Erfolg seiner Rose tat das keinen Abbruch.

Als eine der ersten mehrfachblühenden, duftenden Teehybriden wurde sie zum Weltstar; ihre spitzen, aufrechten Knospen sind das Urbild einer modernen Rose. Zeitschriften priesen den »unvergleichlich lieblichen Farbenton«, die »auffallende, wundervoll schöne Form« und den »unschätzbaren Wert« dieser Sorte. Bei einer internationalen Umfrage wurde sie 1883 zur »besten rosa Rose« und zur »Rose mit dem üppigsten Sommer- und Herbstflor« gekürt; beim Duft belegte sie hinter Maréchal Niel (S. 121) Platz 2.

Bald allerdings wurde ihr der eigene Erfolg zum Fluch. Durch die zigtausendfache Vermehrung entwickelte die Moderose die nach ihr benannte »La-France-Krankheit«; im 20. Jahrhundert verschwand sie aus den Gärten. Die Rosenkennerin Alma de l'Aigle trauerte noch als ältere Dame um die Rose ihrer Kindheit – sie sei »mit ihrem klassischen Rosenrosa und ihrem klassischen Rosa-Rosen-Duft« der Inbegriff der Rose gewesen. Wer diesen »unvergesslichen« Duft kennenlernen möchte, kann La France inzwischen wieder erwerben – am stilvollsten direkt beim Züchter, in der mittlerweile fast 200 Jahre alten Rosenschule Guillot.

BESCHREIBUNG

die erste »moderne« Rose

GRUPPE

wohl Teehybriden

HERKUNFT

Frankreich, Guillot 1867

BLÜTE

öfterblühend, gefüllte, spitze Blüten, sehr starker, typischer Duft

FARBE

bläuliches Rosa, silbern überhaucht

WUCHS

ca. 120 cm hoch, aufrecht wachsend, wärmeliebend

Niphetos

Zarte Zimmergefährtin

»Niphetos darf nicht sterben«, forderte die Schriftstellerin und Rosenliebhaberin Alma de l'Aigle, als die berühmte alte Sorte in den 1950ern allmählich aus den Gärtnereien verschwand. Noch im späten 19. Jahrhundert gehörte diese zarte weiße Teerose mit ihren nickenden, glockenförmigen Blüten zu den beliebtesten Rosen; die *Rosen-Zeitung* fand sie »so berückend, dass sie nur mit sich selbst verglichen werden kann«. De l'Aigle pries sie als die schönste Rose für die Topfkultur. Ihre eigene Niphetos stand in einem Kübel auf der ungeheizten, verglasten Veranda, mit stark schwankenden Temperaturen von Winterfrost bis Sommerhitze. Die Rose habe das problemlos vertragen, berichtete sie. Man könne sie aber auch im Zimmer halten, wo sie sommers wie winters Laub trage und vom Frühling bis zum Herbst blühe: »Niphetos will zu den Menschen in die Häuser, sie teilt mit ihnen Hitze und Kälte, Feuchtigkeit und Trockenheit, diese zarte Gefährtin.« Wer das testen möchte, sollte Niphetos – so riet Dietrich Wössner – an ein kühles, helles Fenster stellen, ohne Staunässe im Unterteller; im Juli und August kann der Topf draußen im Schatten stehen.

Reizvoll sind nicht nur die spitz eingerollten Blütenblätter, die verblüht wie Schneeflocken herabsinken – daher wohl der Name »Niphetos«, altgriechisch für »fallender Schnee« –, sondern auch ihr Duft. De l'Aigle beschrieb ihn als »Teerosenduft, aber noch etwas ätherischer, und manchmal ist noch eine Nuance nach einem edlen Holz darin«. Ob Teerosen so heißen, weil sie nach Tee duften, ist allerdings umstritten – vielleicht tragen sie ihren Namen auch nach der Firma, die um 1800 die ersten Teerosen an Europäer verkaufte: der chinesischen Gärtnerei Fa Tee.

BESCHREIBUNG
zarte Duftrose für die Topfkultur

GRUPPE
Teerosen

HERKUNFT
Frankreich, Bougère 1843

BLÜTE
dauerblühend, nickende, gefüllte Blüten, typischer Teerosenduft

FARBE
weiß mit blassgelber Mitte

WUCHS
60–120 cm hoch, schwachwüchsig, frostempfindlich

Quatre Saisons

Der Sonnenduft der Antike

»Etwas hochstaplerisch« nannte die Rosenexpertin Hedi Grimm den französischen Namen dieser berühmten Damaszener-Rose – von einer Vier-Jahreszeiten-Rose könne nicht die Rede sein. Das *Journal des Roses* hingegen beschrieb 1885, wie man sie immer wieder zum Blühen bringt: Man solle sie in einen Kübel pflanzen, kräftig stutzen und blühen lassen. Danach müsse man sie erst austrocknen lassen, dann zurückschneiden und erneut gießen; so treibe sie angeblich bis zu viermal pro Jahr neue Blüten.

Ob das stimmt oder nicht – unstrittig gehört die »Herbst-Damaszenerrose«, wie sie auch genannt wird, zu den herrlichsten Duftrosen aller Zeiten. Diese Rose mit ihren lockeren zartrosa Blüten wird seit Jahrtausenden geschätzt. Schon im 10. Jahrhundert vor Christus soll sie auf der Insel Samos beim Aphrodite-Kult verwendet worden sein, später wanderte sie mit diesem über Griechenland nach Rom. In Mazedonien schmückte sie die Gärten des sagenhaft reichen Königs Midas, und im ganzen Orient dient sie bis heute zur Gewinnung von Rosenöl und Rosenwasser. Nach Europa gelangte sie auf verschiedenen Wegen – die Araber nahmen ihre Lieblingsrose mit ins besetzte Spanien, die Kreuzritter brachten die »Damaszener« Rose aus Damaskus nach Frankreich. Vor der Einführung der Portland- und China-Rosen im 18. Jahrhundert war Quatre Saisons als einzige mehrfachblühende Rose berühmt. Wer sie pflanzt, holt sich nicht nur ein Jahrtausende altes Stück Geschichte in den Garten, sondern auch einen Duft, der schon die Menschen der Antike betörte. Wie der Duftkenner Robert Calkin schreibt: »Wenn Sonnenschein einen Duft hätte, wäre es dieser!«

SYNONYME

Herbst-Damaszenerrose, Monatsrose, *Rosa damascena bifera*

BESCHREIBUNG

die uralte Rose des Aphrodite-Kults

GRUPPE

Damaszener-Rosen

HERKUNFT

wohl schon seit der Antike bekannt

BLÜTE

remontierend, halbgefüllt, starker Damaszener-Rosen-Duft

FARBE

zartrosa

WUCHS

ca. 120 × 120 cm, überhängender Strauch, sehr winterhart

Rosa persica

Zickige Schönheit mit roten Augen

Ist sie überhaupt eine Rose? Mit dem roten Mittelfleck in ihren gelben Blüten, den borstigen Hagebutten und den ungefiederten Blättchen sieht die Persische Rose so untypisch aus, dass Botaniker sie bis vor Kurzem nicht als Rose klassifizierten, sondern als eigene Gattung *Hulthemia*.

In ihrer vorder- und zentralasiatischen Heimat gilt sie als hartnäckiges Unkraut, in Europa als überaus heikle Gartenpflanze: Kaum hatten Reisende sie im 18. Jahrhundert aus Persien mitgebracht, versuchten ambitionierte Hobbygärtner und Profis, die neue Rose zu kultivieren, was sich als unerwartet schwierig erwies. Claude-Antoine Thory berichtete 1817, fast alle Amateure hätten die Exemplare, die sie besaßen, inzwischen wieder verloren, und der britische Botaniker John Lindley klagte, die Pflanze widersetze sich »auf bemerkenswerte Weise der Kultivierung«. Kaiserin Joséphine mit ihrem berühmten Rosengarten von Malmaison gehörte zu den wenigen, die eine kräftige Persische Rose besaßen, und der Chefgärtner des Jardin du Luxembourg, Julien-Alexandre Hardy, schaffte es sogar, eine ebenfalls gelb-rote Kreuzung zu züchten, die inzwischen wieder verschollene *Rosa hardii*.

Für lange Zeit blieb das der einzige Erfolg. Vermehrung und Kreuzung der *Rosa persica* galten als schwierig bis unmöglich; dennoch (oder deshalb?) versuchten ambitionierte Züchter immer wieder, neue Sorten aus der hübschen Rose mit dem roten Auge zu züchten. Seit den 1960er-Jahren gab es erste Durchbrüche, und inzwischen sind mehrere Gartenformen der Persischen Rose zu haben – oft zu erkennen an einem »Eye« in der Blüte und im Namen.

SYNONYME
Hulthemia persica,
Persische Rose,
Rosa berberifolia

BESCHREIBUNG
asiatische Wildrose mit typischem rotem Auge

GRUPPE
Wildrosen

HERKUNFT
Persien/Kasachstan

BLÜTE
frühjahrsblühend, ungefüllt

FARBE
gelb mit roter bis dunkelbrauner Mitte

WUCHS
ca. 60 × 60 cm,
anspruchsvoll,
sehr winterhart

Über die Rosendüfte

Launischer Johannisbeersaft im Kiefernwald

Sphärisch leicht. Nach roh ausgepresstem Johannisbeersaft. Blütig-süß. Nach besonnter Mädchenhaut. Trüb-pollig. Launisch. Harzig nach Kiefernwald. Obstig. Wie wenn man eine Schublade mit alten Erinnerungen aufzieht. Krautig. Nach chinesischem Tee.

Ein ganzes Vokabular der Rosendüfte stellte die Schriftstellerin Alma de l'Aigle zusammen – sie fand, Temperament, Zuverlässigkeit und Wesen eines Rosenduftes müssten mindestens ebenso blumig beschrieben werden wie das Bukett eines guten Weines. »Den« Rosenduft gibt es nicht, da sind sich alle Fachleute einig: Jede Duftrose hat – wie die Rose de Resht – ihre eigene, besondere Note, und seit Jahrhunderten gibt es immer wieder Versuche, diese Duftrichtungen zu systematisieren. 1879 sortierte Henry Curtis 17 verschiedene Düfte nach Rosengruppen, darunter »Centifolien- und Moosrosengeruch«, »alter Teerosengeruch« und »veilchenartig duftende Rosen«. Sein Zeitgenosse Raoul Blondel beschränkte sich auf zehn Duftkategorien – Rose, Moschus, Reseda, Veilchen, Maiglöckchen, Hyazinthe, Früchte, Wanze, Nelke, kein Duft; dafür nahm er auch den Nelken-, Kampfer-, Terpentin-, Apfel- oder Zitronenduft der Blätter in seine Klassifizierung auf.

Einen deutlich moderneren Ansatz verfolgen heutige Duftexperten. Sie können jeden Rosenduft anhand seiner – insgesamt fast 400 verschiedenen – chemischen Bestandteile präzise analysieren: So seien Rugosa-Hybriden wie Blanc Double de Coubert (S. 65) durch die fruchtige Wärme des Duftstoffs Citronellol geprägt, während Hexenole bei der Kletterrose Blush Noisette (S. 109) für ein Gras-Bananen-Aroma sorgten. Wie prosaisch!

Allen, die wie Alma de l'Aigle Rosendüfte selbst genießen – und beschreiben – möchten, sei ein Rat von Plinius dem Älteren aus dem Jahr 79 nach Christus ans Herz gelegt: Den Duft frischer Rosen nehme man morgens am deutlichsten wahr, und zwar nicht aus nächster Nähe, sondern mit ein klein wenig Abstand.

Rose de Resht

Taubenblut und Drachenschuppen

»Rubinrot wie Taubenblut, mit einer Iris aus Königspurpur und einem Heiligenschein aus Drachenschuppen.« Die Engländerin Nancy Lindsay beschrieb das Aussehen der violetten Rose, die sie in den 1940er-Jahren von einer Persienreise mitgebracht hatte, ebenso blumig wie die Umstände ihrer Entdeckung: »Zufällig fand ich sie in einem alten persischen Garten in der antiken Stadt Rescht; sie verdankt ihren Ursprung den Teekarawanen, die auf dem Weg nach Persien durch die Steppen Zentralasiens zogen.« Später spottete der Rosenfachmann Graham Stuart Thomas, Lindsays Beschreibung sei »ein Meisterstück an Übertreibung und Ausschmückung«.

In Wahrheit war diese Rose nämlich längst in Europa bekannt: Der deutsche Botaniker Carl Haussknecht hatte die purpurrote »Gul e Reschti«, wie sie auf Persisch heißt, im Juni 1868 in der Stadt Behbahan gefunden; an der Universität Jena wird die brüchig-braune Originalrose aus seinem Herbarium aufbewahrt. Es ist also nicht verwunderlich, dass die norddeutsche Rosensammlerin Gerda Nissen in Dithmarschen und Husum Exemplare der Rose de Resht fand, die lange vor Nancy Lindsays »Entdeckung« gepflanzt worden waren.

Mit ihrem strahlenden, ins Violette spielenden Purpurrot und den fast ununterbrochen erscheinenden Blütenrosetten ist diese wunderschöne Rose selbst für Laien leicht zu erkennen. Am auffallendsten aber ist der überwältigend intensive, zitronige Duft, mit dem schon eine einzige Blüte ein ganzes Zimmer füllen kann. Robust ist sie auch noch, und so sei diese Sorte allen wärmstens empfohlen, die alte Rosen kennenlernen wollen: Sie ist die ideale Anfängerrose.

SYNONYME

Gul e Reschti

BESCHREIBUNG

wunderbare Duftrose für Anfänger

GRUPPE

Damaszener-Rosen

HERKUNFT

Persien, vor 1868

BLÜTE

öfterblühend, dicht gefüllte Pomponblüten, außerordentlich starker Duft

FARBE

purpurrot

WUCHS

ca. 100 × 100 cm, buschig, auch für Hecken, sehr winterhart

Rose du Roi

Eine Rose macht Karriere

Die »Rose des Königs« arbeitete sich stetig nach oben. 1816 züchtete ein französischer Gärtner namens Écoffay diese strahlend dunkelrote, immer wieder blühende Sorte. Sein Chef, der Florist und Hoflieferant Souchet, zeigte sie seinem wichtigsten Kunden: Graf Lelieur, dem Leiter der königlichen Gärten. Dieser war so begeistert von der Neuheit, dass er ihr seinen eigenen Namen gab – »Comte Lelieur«. Er konnte sich nicht lange an seiner Rose freuen. Kaum hatte Ludwig XVIII., der nach Napoleons Niederlage wieder auf dem französischen Thron saß, die Prachtrose gesehen, bestand er darauf, sie müsse in »Rose du Roi« umbenannt werden; Lelieur protestierte vergebens.

Immerhin konnte er sich damit trösten, dass seine (oder Souchets oder Écoffays) Rose eine steile Karriere machte. Noch in den 1870er-Jahren war sie die beliebteste Rose auf den Märkten von Paris; jedes Jahr wurden über 200.000 Stück verkauft. In einem Rosenbuch von 1873 heißt es, »als Topfrosen schmückten sie die Salons im ersten Stock ebenso wie das bescheidene Mansardenfenster, den einzigen Garten der armen Arbeiterin«. Selbst in England hatte die – wohlweislich umbenannte – Französin Erfolg; der Rosenzüchter Thomas Rivers empfahl 1837: »Jeder Gentleman sollte in seinem Garten ein großes Beet Crimson-Perpetual-Rosen haben, das im August, September und Oktober Sträuße liefert; ihr Duft ist so köstlich, ihre Farbe so strahlend und ihre Form so perfekt.« Sie war bis ins 20. Jahrhundert ein Klassiker. Alma de l'Aigle lobte die »magische Anziehung« dieser Rose, verglich ihren Duft mit dem von Südwein und schwärmte: »Ja, das ist Purpurrot!«

SYNONYME

Comte Lelieur, Lee's Crimson Perpetual

BESCHREIBUNG

dunkelroter Dauerblüher der 1870er-Jahre

GRUPPE

Portland-Rosen

HERKUNFT

Frankreich, Écoffay/Souchet/Lelieur 1816

BLÜTE

öfterblühend, dicht gefüllt, sehr starker Duft

FARBE

leuchtend karminrot

WUCHS

ca. 90 × 90 cm, etwas sparrig, sehr winterhart

Rouletii

Für Fensterbrett und Kinderbeet

Auf der Fensterbank eines Bauernhofs im Schweizer Bergdörfchen Mauborget, in 1170 Metern Höhe, entdeckte der Arzt und Armeeoffizier André Roulet 1917 eine außergewöhnliche Pflanze: einen zwergenhaften, im Topf wachsenden Rosenstock, der angeblich schon 150 Jahre alt war und den ganzen Sommer über winzige rosa Blüten trug. Er berichtete seinem Freund, dem Botaniker Henry Correvon, von seinem Fund – als sie zusammen nach Mauborget reisten, war die Pflanze allerdings einem Feuer zum Opfer gefallen. Glücklicherweise fanden sie in einem Nachbardorf ein weiteres Exemplar der Miniaturrose, die Correvon zu Ehren seines Freundes *Rosa rouletii* taufte und erfolgreich vermehrte. Wie er später schrieb, wurde sie schon bald auf den Märkten von Paris verkauft – für das Zehnfache seines ursprünglichen Preises.

Tatsächlich dürfte es sich bei der Schweizer Rouletii um Redoutés berühmte *Rosa chinensis minima* handeln; vielleicht ist sie auch identisch mit der Zwergrose Pompon de Paris, wie der Rosenzüchter Wilhelm Kordes vermutete – der Rose, »die schon zu Urgroßmutters Zeiten auf der Fensterbank stand«. Beide Sorten waren verschollen, genau wie die übrigen Zwergrosen des 19. Jahrhunderts. Roulet und Correvon haben sie vor dem Aussterben bewahrt und der Welt ein zauberhaftes Röschen zurückgegeben, das zur Stammmutter der heutigen Miniaturrosen wurde. Die Rosenexpertin Anny Jacob pries die hübsche, robuste und unermüdlich blühende Rouletii: Sie sei »eine feine Sache, auch für ein Kinderbeet oder für die Topfkultur« und ergebe »niedliche Kindersträuße«. Welch ein Glück, dass sie nicht verloren ging!

SYNONYME

Pompon de Paris,
Rosa chinensis minima

BESCHREIBUNG

1917 wiederentdecktes
rosa Zwergröschen

GRUPPE

China-Rosen

HERKUNFT

unbekannt, wohl vor 1800

BLÜTE

öfterblühend, winzige,
halbgefüllte Blüten,
sanfter Duft

FARBE

zartrosa

WUCHS

ca. 40 × 40 cm,
für Töpfe und kleine Beete,
winterhart

Souvenir de la Malmaison

Die Rose aller Rosen

Am 22. Mai 1814 fuhr eine Kutsche im Schlosspark von Malmaison vor: Zar Alexander I. von Russland wollte Kaiserin Joséphine besuchen, Napoleons geschiedene Ehefrau. Die beiden spazierten durch den Garten, um Joséphines berühmte Rosen zu betrachten. Die *Rosen-Zeitung* berichtete 1896, was weiter geschah: »Als sich Alexander zum Abschied anschickte, brach Joséphine die schönste ihrer Rosen und reichte sie dem Scheidenden mit den Worten: ›Un Souvenir de la Malmaison!‹« Nur wenige Tage später war Joséphine tot.

So weit, so ergreifend. Die schöne Geschichte zur Herkunft der schönen Rose stimmt aber nicht ganz: Zwar gab es Treffen zwischen Alexander und Joséphine (möglicherweise auch eine Affäre), und Gerda Nissen spekulierte, sie habe sich den Tod geholt, weil die bereits Kranke bei dem Gartenspaziergang ein viel zu dünnes Musselinkleid trug. Die Souvenir de la Malmaison aber entstand erst Jahrzehnte später. 1843 brachte der Züchter Jean Beluze diese berühmte zartrosa Bourbon-Rose auf den Markt, die bis heute als Klassiker gilt.

Sie wurde und wird wegen ihrer perfekten, immer wieder erscheinenden Blüten und ihrer Gesundheit mit Lob überhäuft: »Rose aller Rosen« (Parsons 1847), »konkurrenzlos« (Jamain/Forney 1873), »eine der schönsten Rosen« (Nietner 1880), »atlasweiß, wie von einem Kusse der roten Morgensonne berührt« (Glücksmann 1896), »Krönchen aus zerknittertem zartrosa Satin« (Dickerson 1992), »Spitzenleistung von Frühsommer bis Spätherbst« (Thomas 2003). In den USA trägt diese wunderschöne und duftende Sorte den passenden Namen »Queen of Beauty and Fragrance«.

SYNONYME

Queen of Beauty and Fragrance

BESCHREIBUNG

weltberühmter zartrosa Klassiker

GRUPPE

Bourbon-Rosen

HERKUNFT

Frankreich, Beluze 1843

BLÜTE

öfterblühend, dicht gefüllte, meist geviertelte Blüten, sehr starker Duft

FARBE

weißlich rosa

WUCHS

ca. 80 cm hoch, breitbuschig, etwas regenempfindlich, winterhart

Tuscany

Düster, samtig, mittelalterlich

Ihre samtig schwarzroten Blüten sind so dunkel wie das Mittelalter, aus dem sie stammt, und auch die Geschichte dieser Rose verliert sich im Dunkel: Ist Tuscany die berühmte »Samtrose« des Mittelalters? Der englische Botaniker John Gerard schilderte diese 1597 als »gefüllt mit ein paar gelben Fäden in der Mitte, von einer tiefen und schwarzen Farbe, karminrotem Samt ähnelnd«; auch der Schweizer Mediziner Theodor Zwinger erwähnte 1696 die »Sammet-Rose« oder *Rosa holoserica*. Von da an wird es kompliziert. Das *Botanical Register* klagte 1820 über Tuscany: »Diese in aller Welt bewunderte Gattung, seit Urzeiten zur Zierde angepflanzt, hat sich in unseren Gärten so vermischt, dass alle Berichte von Vermutungen und falschen Synonymen verfälscht sind und es schwer ist, in einem Labyrinth von Übergangsformen echte Unterscheidungen zu treffen.«

Ob mittelalterlich oder nicht – Tuscany ist eine prächtige Rose. Die Schriftstellerin Vita Sackville-West riet, ihre auf Fotos »begräbnishaft« wirkenden Blüten genau anzusehen: »Man lernt etwas, wenn man eine Rose lange und aus nächster Nähe betrachtet, vor allem bei einer Rose wie Tuscany, die sich flach öffnet (...) und dabei das zitternde, staubige Gold ihrer zentralen Vollkommenheit offenbart.« Sackville-West empfahl, Tuscany mit der gestreiften Versicolor (S. 55) zu kombinieren – beide hätten etwas Mittelalterliches an sich.

Und wer wissen will, ob Tuscany wirklich die echte »Sammet-Rose« ist, vergleiche sie nachts mit der unteren Rose auf der linken Seite: Laut Friedrich Justin Bertuchs *Kinderbuch* von 1802, aus dem das Bild stammt, fällt die *Rosa holoserica* abends mit zusammengefalteten Blättern in einen »Pflanzenschlaf«.

SYNONYME
Old Velvet Rose, *Rosa holoserica*, Sammet-Rose

BESCHREIBUNG
schwarzrote »Samtrose« des Mittelalters

GRUPPE
Gallica-Rosen

HERKUNFT
unbekannt, vor 1597

BLÜTE
sommerblühend, halbgefüllte Blüten mit auffallend gelben Staubfäden

FARBE
schwarzrot

WUCHS
ca. 120–150 cm hoch, robust, sehr winterhart

Versicolor

Die schöne Rosamund

Gestreifte Rosen waren im 19. Jahrhundert der letzte Schrei – mehr als sechzig verschiedene »panaschierte« Rosensorten führte Theodor Nietner 1880 in seinem Verzeichnis der damals erhältlichen Gartenrosen auf. Viele davon gibt es heute noch: Centifolia Variegata, die so adrett aussieht wie ein Hausmädchen in gestreifter Schürze und deshalb auch »Cottage Maid« heißt, Tricolore de Flandre mit ihrer dreifarbig rosa-violett-karminroten Maserung oder die rosarot-weiße Remontant-Rose Ferdinand Pichard.

Die wohl älteste und berühmteste gestreifte Rose ist allerdings die *Rosa gallica versicolor* – eine Mutation der Apothekerrose (S. 19), die im Garten wunderbar mit dieser harmoniert. Schon 1601 schrieb der Botaniker Carolus Clusius, ein Kölner namens Johannes Resteau habe in seinem Garten eine Rose, deren Blätter zu einem Drittel weiß, ansonsten rot und weiß gemischt seien. Sie wurde schnell zum Liebling der Künstler. Nicolas Robert porträtierte sie für König Ludwig XIV., Pierre-Joseph Redouté für seine berühmte Sammlung *Les Roses*. Dort wird auch erklärt, warum die Versicolor in England »Rosa Mundi«, Rose der Welt, heißt: Sie sei nach Rosamund Clifford benannt, der »ebenso schönen wie geistreichen Geliebten von König Heinrich II. von England«, die von dessen eifersüchtiger Ehefrau grausam ermordet worden sei. Der Naturforscher C. C. Hurst spekulierte sogar, ein Kreuzfahrer könne die gestreifte Rose aus einem syrischen Garten nach England mitgebracht und Rosamund noch vor deren Tod 1176 geschenkt haben. So aufregend diese Geschichten auch sind: sie gehören wohl ins Reich der Rosenlegenden.

SYNONYME
La Panachée, *Rosa gallica versicolor*, Rosa Mundi

BESCHREIBUNG
gestreifter Klassiker mit langer Geschichte

GRUPPE
Gallica-Rosen

HERKUNFT
unbekannt, vor 1601

BLÜTE
sommerblühend, halbgefüllt, duftend

FARBE
karminrosa-weiß gestreift

WUCHS
ca. 120 × 120 cm, überhängend, sehr winterhart

Weitere Beetrosen

WEISS

Boule de Neige · Wie Schneebälle wirken die Blütenkugeln dieser berühmten, herrlich duftenden Bourbon-Rose; sie erscheinen im Herbst ein zweites Mal (*100–150 cm, FR 1867*).

Johannisröschen · Als eine der ersten Rosen öffnet das Johannisröschen im Frühling seine halbgefüllten weißen Blüten; es bildet niedrige, vogel- und insektenfreundliche Hecken (*Syn. Rosa pimpinellifolia plena, 90–120 cm, Herkunft unbekannt*).

Little White Pet · Im Beet, als Bodendecker oder als Topfpflanze ist dieses niedliche Zwergröschen vielseitig verwendbar; seine dicht gefüllten, rosa überhauchten Pomponblüten erscheinen bis in den Herbst (*30–50 cm, US 1879*).

GELB-ORANGE

Double Yellow · Diese im Frühjahr üppig blühende Rose mit ihren gefüllten, anfangs kugelrunden goldgelben Blüten gehört zur robusten Gruppe der Bibernell-Rosen; gut für niedrige Hecken (*100–150 cm, GB 1820*).

Rosa pimpinellifolia lutea · Massen ungefüllter hellgelber Blüten erscheinen im Frühjahr an dieser stacheligen Bodendeckerrose mit ihren hübschen, farnähnlichen Blättchen (*60–100 cm, Wildrose*).

Soleil d'Or · Sonnenuntergangsgoldene, gefüllte Blüten machen die älteste mehrfachblühende gelbe Rose noch heute zu einer außergewöhnlichen Schönheit; leider ist sie etwas krankheitsanfällig (*ca. 90 cm, FR 1900*).

ROSA

Burgunderröschen · Als Knopflochrose war diese Miniaturrose und hervorragende Topfpflanze mit ihren kleinen, kräftig rosavioletten Pomponblüten einst sehr beliebt; sie blüht im Sommer (*Syn. Parvifolia, Pompon de Bourgogne, ca. 60 cm, vor 1664, Abb. S. 16/17*).

Jacques Cartier · Diese herrliche Duftrose blüht immer wieder in großen Büscheln aus zartrosa Rosettenblüten; ihre Blätter färben sich im Herbst bunt (*Syn. Marchesa Boccella, 100–150 cm, FR 1868*).

La Reine · »Kohlkopfgroß« nannte Gerda Nissen die im Herbst noch einmal erscheinenden, hell fliederfarbenen bis bläulichrosa Blütenkugeln dieser berühmten »Königin« unter den Remontant-Rosen (*60–100 cm, FR 1842*).

Petite de Hollande · Eine kompaktere Verwandte der Rose des Peintres (S. 91); ihre üppig duftenden, anfangs kugeligen, später schalenförmig gefüllten Zentifolien-Blüten erscheinen im Sommer (*Syn. Pompon des Dames, Rosa centifolia ›Minor‹, ca. 100 cm, NL vor 1800, Abb. Umschlagrückseite*).

ROT

Assemblage des Beautés · Mit ihren karmesinroten, dicht gefüllten Sommerblüten wirkt diese Gallica-Rose tatsächlich wie eine »Versammlung der Schönheiten«; sie schmückte schon den Garten von Kaiserin Joséphine (*Syn. Rouge Éblouissante, 100–150 cm, FR 1819*).

Baron Girod de l'Ain · Zarte weiße Wellenränder zieren die dunkelroten, gefüllten Blüten dieser außergewöhnlichen, im Herbst ein zweites Mal blühenden Rose (*100–150 cm, FR 1897*).

Gloire des Rosomanes · Der »Ruhm der Rosenfreunde« blüht immer wieder in großen, scharlachroten Büscheln aus bienenfreundlich halbgefüllten Blüten mit goldener Mitte (*Syn. Ragged Robin, 120–150 cm, FR 1825*).

VIOLETT

Cardinal de Richelieu · Diese berühmte Gallica-Rose trägt ihren Namen nach dem Berater von König Ludwig XIII.; ihre langlebigen, gefüllten Sommerblüten in dunklem Kardinalspurpur erscheinen an rundlichen Büschen (*100–150 cm, BE vor 1847*).

Nuits de Young · Benannt nach dem Gedicht »Nachtgedanken« von Edward Young, trägt diese Moosrose im Sommer düster schwarzrote, gefüllte Blüten über rötlich bepelzten Kelchblättern (*Syn. Old Black, 120–150 cm, FR 1845*).

The Bishop · Von düster bischofslila bis später fast dunkelblau changieren die dicht gefüllten, duftenden Blüten dieser sommerblühenden Rose (*Syn. L'Évêque, 100–150 cm, FR 1815, Abb. Umschlagvorderseite*).

Strauchrosen

Zur vielgestaltigen Gruppe der – in der Regel etwa 1,50 bis 2 Meter hohen – Strauchrosen gehören die meisten alten Rosen; man kann sie als Einzelstrauch in eine Gartenecke setzen, in den hinteren Bereich eines Beets pflanzen, als Heckenpflanzen verwenden oder an einer Rankhilfe zu Säulen und Pyramiden ziehen.

Alpen-Rose

Gebirgsschönheit für Flachlandgärten

Die Alpen-Rose ist keine Alpenrose: Zwar wachsen beide Arten auf mageren Bergwiesen und felsigen Graten, aber die hier porträtierte Alpen-Rose (*Rosa pendulina*) ist eine Wildrosenart, während die berühmte Alpenrose (*Rhododendron ferrugineum*) mit ihren himbeerroten Blüten zur Familie der immergrünen Rhododendren gehört. Mit etwas Glück sieht man die Namenscousinen beim Bergwandern in Gesellschaft seltener Schönheiten wie Türkenbund, Enzian oder Küchenschelle. Nur auf den Hochalmen sind beide unerwünscht: Dort grasen im Sommer die Kühe, und wenn holzige Büsche die Weideflächen zu überwuchern drohen, werden sie von den Bergbauern kurzerhand gerodet. Dieses sogenannte »Schwenden« ist ausnahmsweise sogar bei den streng geschützten Alpenrosen erlaubt.

Im Garten ist die robuste und absolut winterharte *Rosa pendulina* ebenso unproblematisch wie dekorativ. Sie blüht als eine der ersten Rosen in kräftigem Pink, und ihre stachellosen Zweige sehen besonders anmutig aus, wenn sie sich im Steingarten über niedrige Polsterstauden wölben. Am hübschesten aber ist sie im Herbst: Dann pendeln jene glänzend knallroten, flaschenförmigen Hagebutten an den Zweigen, denen die *Rosa pendulina* ihren Namen verdankt. Mit ihrem strahlenden, leicht durchscheinenden Rot wirken sie vor dem gelben Herbstlaub wie kostbare japanische Lackarbeiten oder, so schwärmte die französische Zeitschrift *Les Amis des Roses*, wie »schlanke, feminine Urnen von anrührender Zartheit«. Mit etwas gärtnerischem Geschick lassen sich Alpen-Rose und Alpenrose sogar gemeinsam pflanzen: Dann baumeln die Hagebutten über den immergrünen Rhododendronbüschen wie rote Lampions.

SYNONYME
Gebirgs-Rose, *Rosa pendulina*, Spineless Rose

BESCHREIBUNG
rosarote Wildrose mit hübschen Hagebutten

GRUPPE
Wildrosen

HERKUNFT
Europa

BLÜTE
sommerblühend, ungefüllt, leicht duftend

FARBE
kräftig pink

WUCHS
90–300 × 150 cm, sehr variabel, stachellos, extrem winterhart

Rosige Farbtöne

Nelkenbraun und Neonblau

Das knallige Kirschrot der American Beauty kam im Deutschland des 19. Jahrhunderts nicht gut an – die meisten Rosenfreunde zogen klassische Farbtöne vor. Wenn man ihren Namen wörtlich nimmt, müssten sogar alle Rosen rosa sein: Die Farbbezeichnung leitet sich vom lateinischen Namen der Gattung *Rosa* ab – genau wie Violett vom Veilchen (lateinisch *viola*) oder Lila vom Flieder (französisch *lilas*). Schon unter den Wildrosen gab und gibt es aber viele weitere Farben, vom klaren Weiß der Moschus-Rose (S. 122) bis zum knalligen Rot-Gelb der Kapuzinerrose (S. 70); bei den Zuchtsorten ist die Vielfalt noch viel größer.

Mit einer handkolorierten Farbtafel versuchte eines der ältesten deutschen Rosenbücher, *Cultur, Benennung und Beschreibung der Rosen* von 1836, Ordnung ins Farbengewirr zu bringen: Sie zeigte 28 Farben, darunter klassische Rosentöne wie »Perleweiß«, »Bluthroth« oder »Citronengelb«, aber auch Rätselhaftes wie »Schmettenweiß«, »Nelkenbraun« oder »Weinhefenroth«. 1889 präsentierte das *Deutsche Rosen-Buch* ein ausführlicheres Farbsystem mit insgesamt 72 Nuancen wie Eidottergelb, Johannisbeerrot oder Kupferorange, und ab 1924 bemühte sich die *Rosen-Zeitung*, über Subskriptionen ein Farbkartensystem mit über 800 Farben zu finanzieren; das Projekt scheiterte an den immensen Druckkosten. Heute geben Fotos das Farbspektrum der Rosen wieder, das der berühmte Rosenzüchter David Austin von Rosa über Violett, Rot, Apricot und Weiß bis nach Gelb sortierte. Sogar eine grüne Rose gibt es – die wie ein zerzaustes Blätterbüschel wirkende *Rosa viridiflora*.

Nur eine Farbe fehlt: Blau. Seit Jahrhunderten haben sich Züchter vergebens an »blauen« Rosen versucht – Sortennamen wie »Bleu Magenta« (um 1900) oder »Veilchenblau« (1905) zeugen von ihren Bemühungen. Der Rosenkenner Graham Stuart Thomas fand allerdings, die Gallica-Rose The Bishop (S. 57) komme »im abendlichen Gegenlicht nach einem heißen Tag dem Blau näher als jede andere Rose«. Inzwischen wurde er leider widerlegt: In Japan entstand 2009 per Genmanipulation eine Rose, die aussieht, als hätte man eine weiße Blüte in neonblaue Lebensmittelfarbe getunkt.

American Beauty

Eine Amerikanerin aus Paris

Wer ist die »amerikanische Schönheit« im Titel von Sam Mendes' Filmklassiker aus dem Jahr 1999? Das junge Mädchen, das sich in den schmierigen Fantasien des alternden Protagonisten nackt in einer Badewanne voller Rosenblätter räkelt? Seine gestresste Ehefrau? Die aufsässige Teenager-Tochter? Oder gar die anmutig im Wind tanzende Plastiktüte, die der Nachbarssohn »das Schönste, was ich je gefilmt habe« nennt?

Alles falsch: American Beauty ist die in den USA berühmte, knallig rosarote Rose, in deren Blättern die junge Schönheit badet. Als sie um 1885 auf den Markt kam, kostete sie schon im Großhandel 36 Dollar das Dutzend (heute wären das etwa 1000 Dollar). Die American-Beauty-Rose wurde zum Symbol von Reichtum, ähnlich wie Nerz und Diamanten.

Aber wo kam sie her? Die US-Autorin Georgia Drennan pries American Beauty 1912 als Teil der amerikanischen Sozialgeschichte – sie sei »die Rose aller Rosen amerikanischen Ursprungs« und als Sämling bei der Gärtnerei Cook in Baltimore entstanden. Der deutsche Rosenzüchter Harms spottete dagegen 1887, in Amerika habe man es »für gut und einträglich befunden, eine Französin von gutem Ruf (...) als ›amerikanische Schöne‹ (...) mit der vorausgesendeten nötigen Reklame verjüngt auf dem ›Rosentheater‹ auftreten zu lassen«: American Beauty sei schlicht die ältere französische Sorte Madame Ferdinand Jamin und habe es nicht verdient, als Neuheit angeboten zu werden, außerdem sei man in Deutschland »der Kirschrosafarbe nicht besonders hold« – er verramsche seine Bestände daher zum halben Preis. Der Streit um die Herkunft der American Beauty ist übrigens bis heute nicht entschieden.

SYNONYME
Madame Ferdinand Jamin

BESCHREIBUNG
beliebte kirschrote US-Schnittrose

GRUPPE
Remontant-Rosen

HERKUNFT
Frankreich, Lédéchaux 1875 oder USA, Cook/Field 1885

BLÜTE
öfterblühend, große, gefüllte Blüten, stark duftend

FARBE
knallig rosarot

WUCHS
ca. 180 cm hoch, aufrecht, etwas krankheitsanfällig, sehr winterhart

Blanc Double de Coubert

Edel oder elend?

»Ich hasse dieses pompöse, nichtsnutzige Ding!« Einen heftigeren Verriss kann sich eine Rose kaum einhandeln – und er stammt ausgerechnet von dem berühmten englischen Gärtner und Autor Christopher Lloyd: »Die elende ›Blanc Double de Coubert‹ wird, so vermute ich, nur angepflanzt, damit Kenner ihren vornehmen Namen über die Zunge perlen lassen können (in der Regel falsch, aber egal). Ihre Blätter sind nichts im Vergleich zu echten *Rugosas*, und sie trägt keine Früchte. Außerdem sind, zumindest bei uns, die Blüten fast immer mit toten braunen Flecken gesprenkelt.«

Lloyd steht mit seiner Abneigung eher einsam da – Blanc Double de Coubert, benannt nach dem Heimatort des Züchters, hat bis heute viele Fans. Das *Journal des Roses* nannte die Sorte 1897 die »schönste weiß blühende Rose von allen, nicht nur in ihrer Gruppe, sondern in der gesamten Gattung *Rosa*«, die schwedische Rosengesellschaft empfiehlt sie wegen ihrer Robustheit und Frosthärte sogar für Nordschweden, und Gertrude Jekyll lobte sie als »weißeste Rose, die wir kennen«. Ihre locker gefüllten, ungewöhnlicherweise auch nachts duftenden Blüten – die sie ihrer Mutter, der berühmten Teerose Sombreuil, verdankt – locken Insekten an; bis zum ersten Frost erscheinen sie immer wieder und zieren den Garten zusammen mit dem strahlend orangegelben Herbstlaub. Selbst die Ausläufer sind nützlich: Die Baumschule Conard-Pyle riet 1931, die manchmal in einiger Entfernung von der Mutterpflanze emporschießenden Triebe auszugraben, zu kappen und anderswo weiterzukultivieren, und pries sie als »wahrhaft erfolgreiche, dauerblühende, vollkommen winterharte Rosenbäumchen«.

SYNONYME
Muslin Rose

BESCHREIBUNG
robuste, öfterblühende Duftrose in strahlendem Weiß

GRUPPE
Rugosa-Rosen

HERKUNFT
Frankreich, Cochet-Cochet 1892

BLÜTE
remontierend, locker gefüllt, stark duftend

FARBE
reines Weiß

WUCHS
150–180 cm hoch, langtriebig, sehr robust und winterhart

Chapeau de Napoléon

Die Mähnenratte unter den Rosen

Was haben Mähnenratte, Haubenkauz, Kammmolch und Schopfibis gemeinsam? All diese seltsamen Geschöpfe tragen in ihrem englischen Artennamen das Wort *crested*, was so viel wie »bekrönt« oder »mit Kamm« bedeutet. Dieses Attribut teilen sie sich mit der Rose Crested Moss, die gar keine Moosrose ist, sondern so heißt, weil ihre bepelzten Kelchblätter aussehen »wie anmutiges grünes Moos«, so das *Journal des Roses* 1885. Tatsächlich bemühen Rosenfachleute seit jeher Vergleiche aus der Tier- und Pflanzenwelt, um die *Rosa centifolia ›Cristata‹* zu beschreiben: ob krause Petersilie, einen Hahnenkamm oder winzige, aneinandergelegte Farnblätter. Ein viel einprägsameres Bild für die fransigen, dreikantigen Knospen liefert der Name »Chapeau de Napoléon«: Sie sehen aus wie Napoleons Dreispitz, und so wird diese Rose heute meist genannt.

Schon im 19. Jahrhundert kursierten verschiedene Gerüchte über ihren Ursprung: Laut dem *Journal des Roses* wurde diese »eigentümliche und schöne« Rose um 1826 auf dem Turm einer Burgruine in der Nähe von Fribourg in der Schweiz gefunden; der britische Rosenexperte William Paul schrieb, sie stamme von einer Klostermauer in Bern. Auf jeden Fall kommt der Findling also aus einem Schweizer Gemäuer, und er hat sich zu einer der beliebtesten Rosen aller Zeiten gemausert. Thomas Rivers schwärmte 1837: »Keine Rose könnte schöner und außergewöhnlicher sein als diese«, und die *Rosen-Zeitung* lobte: »Keine Arbeit, keine Winterdecke, fast kein Schnitt, kaum dass sie in 10 Jahren nach Dünger verlangen, und doch, trotz oder wegen dieser Vernachlässigung solche Dankbarkeit!«

SYNONYME
Crested Moss, Cristata,
Rosa centifolia ›Cristata‹

BESCHREIBUNG
rosa Duftrose mit skurrilen Knospen

GRUPPE
Zentifolien

HERKUNFT
wohl Schweiz, vor 1826

BLÜTE
sommerblühend, stark gefüllt, sehr stark duftend

FARBE
klassisches Rosa

WUCHS
ca. 180 × 180 cm, ausladender Strauch, sehr winterhart

Frau Karl Druschki

Eigentlich hieß sie Klara Hildach

»Kalt wie eine pompöse Frau, vollbusig, im gut sitzenden Korsett« – die Rosenkennerin Alma de l'Aigle konnte sich nicht recht für die Druschki, wie sie kurz genannt wird, erwärmen. In der Tat ist diese strenge, duftlose Rose mit ihren großen, schneeweißen, perfekt geformten Blüten nichts für Menschen, die zerzauste, romantische Duftrosen lieben; sie steht eher für kühle Eleganz. Unter Rosenkennern galt und gilt dieser Klassiker als schönste aller weißen Rosen. Ihr Züchter Peter Lambert schwärmte 1901 in unverblümtem Eigenlob: »Wahrlich eine stolze Rose ist sie, mit keiner anderen Sorte zu vergleichen.« 1910 bezeichnete Wilhelm Mütze sie als »Prachtrose von starkem gesunden Wuchs«, und David Austin fand 1993: »Selbst heute ist es schwer, eine weiße Teehybride zu finden, die schönere Blüten hat«; er empfahl, den »robusten alten Veteran« als Hintergrundpflanzung in Gruppen zu setzen.

Nur der sperrige deutsche Name kam im Ausland nicht gut an. Im englischen Sprachraum wurde er als »unmelodiös« empfunden, und nach dem Ausbruch des Ersten Weltkriegs 1914 waren deutsche Exportgüter – inklusive Rosen – sowieso verpönt. Englische, französische und amerikanische Rosenzüchter lösten das Problem auf ihre Weise: Sie tauften Frau Karl Druschki kurzerhand um – in Snow Queen (Großbritannien), Reine des Neiges (Frankreich) und White American Beauty (USA).

Aber wer war die Frau mit dem unaussprechlichen Namen? Sie hieß natürlich nicht Karl; ihr Name war Klara Druschki, geborene Hildach, sie lebte in Görlitz, und ein historisches Foto zeigt sie – tatsächlich – als vollbusige Frau im gut sitzenden Korsett.

SYNONYME
Reine des Neiges, Snow Queen, White American Beauty

BESCHREIBUNG
eleganter, großblütiger weißer Rosenklassiker

GRUPPE
Remontant-Rosen

HERKUNFT
Deutschland, Lambert 1901

BLÜTE
remontierend, gefüllte, perfekt geformte Blüten

FARBE
schneeweiß

WUCHS
bis 180 cm hoch, aufrecht, sehr winterhart

Kapuzinerrose

Ein Knaller für den Garten

Alte Rosen müssen nicht unschuldig weiß oder romantisch rosa sein: Mit ihren strahlend bunten, oben orangeroten und unten gelben Blüten gehört die Kapuzinerrose zum Auffallendsten, was man in den Garten pflanzen kann. »So groß wie ein kleiner Heuhaufen und so feurig lodernd wie einer von Turners Sonnenuntergängen« sei diese Strauchrose, befand ein britischer Rosenfreund im Jahr 1890. Der berühmte britische Gärtner Graham Stuart Thomas riet deshalb dazu, sie möglichst weit entfernt von anderen, zarteren Rosen zu pflanzen und mit gelben oder orangeroten Begleitern zu kombinieren: Fingerkraut, Nelkenwurz oder der knallgelben Fuchsrose (S. 128), von der die Kapuzinerrose übrigens abstammt.

Sie muss nicht einmal geschnitten werden, erklärte das *Rosenbüchlein* 1912: »In einem alten Garten sahen wir einmal den prächtig entwickelten Strauch einer Kapuzinerrose, von dem uns der Besitzer erzählte, er habe nie eine Blume daran gehabt und wolle ihn daher aus seinem Garten entfernen. Es war im Monat Mai, und wir rieten ihm, den Strauch sich vollkommen selbst zu überlassen und ja nichts daran zu schneiden (...). Im nächsten Jahr war der schöne Strauch über und über mit Blumen beladen.«

Dieses extravagante botanische Juwel tauchte schon im 12. Jahrhundert in arabischen Gärten auf. In Westeuropa ist die Kapuzinerrose seit dem 16. Jahrhundert bekannt. Aber warum heißt sie so? Selbst den Namen trägt sie wegen ihrer Farbe – allerdings ist sie nicht etwa nach den (bescheiden braunen) Kutten der Kapuzinermönche benannt, sondern nach der ebenfalls knallig orange-gelben Kapuzinerkresse.

SYNONYME
Austrian Copper, Capucine, *Rosa foetida bicolor*

BESCHREIBUNG
auffallend rot-gelbe ungefüllte Rose

GRUPPE
Wildrosen

HERKUNFT
wohl Westasien

BLÜTE
frühblühend, zahlreiche ungefüllte Blüten, etwas unangenehmer Duft

FARBE
orangerot-gelb

WUCHS
150–200 cm hoch, überhängend, sehr winterhart

Die Namen der Rosen

Von alabandischen Atombomben und trachinischen Triumphen

Königin von Dänemark, Duchess of Portland, Reine Victoria ... Im 18. und 19. Jahrhundert taufte man Rosensorten gerne nach adeligen Damen, und manchmal auch nach bürgerlichen Heldinnen: Die Teerose Grace Darling ist nach der Tochter eines Leuchtturmwärters benannt, die laut *Rosen-Zeitung* »in hochherziger Aufopferung« aufs Meer hinausruderte, um Schiffbrüchige zu retten, und »in den Wellen am Fuße des Leuchtturms (...) den Tod fand«. (In Wahrheit starb sie erst Jahre später.)

Im alten Rom gab es noch keine Namenspatinnen. Plinius der Ältere benannte Rosen wie die »alabandische«, »pränestinische« oder »trachinische« nach ihrer Herkunft; leider weiß man bis heute nicht genau, welche Sorten er meinte. Im Mittelalter unterschied man Gartenrosen nur nach Farbe und Form – weiß, »leibfarben« oder rot, gefüllt oder ungefüllt. Erst mit Beginn der Rosenzucht vor etwa 250 Jahren erdachten Rosenschulen eigene Namen für ihre Schöpfungen. Die »Perle von Weißenstein« getaufte erste deutsche Zuchtsorte von 1773 hatte allerdings mit ihrem romantischen Namen wenig Glück: Redouté und Thory verballhornten ihn zu »Perle de Veisseuslein«, andere Autoren zu »Vaseingtein« oder gar »Wasington«.

Deutsche Namen waren damals selten, denn die Rosenzucht lag fest in französischer Hand. *Rosiéristes* erdachten klangvolle Namen wie »Souvenir de la Malmaison« oder »Rose des Peintres«, aber auch Hochtrabendes wie »Triomphe de l'Exposition« oder »Gloire des Rosomanes« (ob diese Sorten tatsächlich auf triumphalen Ausstellungen den Ruhm der Rosenfreunde mehrten, ist nicht überliefert). Erst ab dem späten 19. Jahrhundert präsentierten deutsche Züchter so charmant benannte Sorten wie »Gruß an Teplitz«, »Kordes' Sondermeldung« oder »Verbesserte Tantaus Triumph«. Eine deutsche Sorte dürfte ausschließlich an ihrem Namen gescheitert sein: die in der Hoffnung, sie werde wie eine solche einschlagen, 1953 eingeführte Rose »Atombombe«.

Königin von Dänemark

Der Rosenstreit: Kurtisane oder Königin?

Zur »Enthüllung der Anschläge des Professors J. G. C. Lehmann« veröffentlichte der Rosenzüchter George Booth 1834 auf eigene Kosten ein vierzigseitiges Pamphlet – »damit man endlich begreife, wohin eigentlich dieser ›Ehrenmann‹ gehört!« Booth warf Lehmann vor, »unversöhnlichen bitteren Neid und Hass« zu verbreiten und »Schmähungen zu schleudern«. Dieser habe »aus Neid, Habsucht und dgl. (...) die unredlichsten Mittel absichtlich angewandt« und »mit vorsätzlicher Bosheit« gehandelt; der Verfasser zeihe ihn daher »des Betruges!« und »nenne ihn einen – Verläumder!«

Aber was hatte Lehmann, damals Direktor des Botanischen Gartens in Hamburg, eigentlich verbrochen? Er hatte sich zu einer neuen Sorte geäußert, die der gebürtige Schotte George Booth in seiner Flottbecker Rosenschule bei Hamburg angeboten hatte: Diese »Königin von Dänemark« genannte Neuheit sei identisch mit der älteren französischen Sorte Belle Courtisanne und bereits bei Redouté abgebildet. Beides stellte sich als falsch heraus; in dieser, wie Professor Lehmann gelassen antwortete, »unbedeutenden Sache« hatte er tatsächlich unrecht. Booths wüste Schmähungen ignorierte er; ob diese zur Klärung des sogenannten »Rosenstreits« beitrugen, darf bezweifelt werden.

Immerhin konnte Booth seine Königin von Dänemark weiter vermarkten, und das mit großem Erfolg: Ein einziges Exemplar dieser nach Meinung des Gartenautors Graham Stuart Thomas »nahezu unvergleichlich perfekt geformten« Rose kostete sagenhafte fünf Guineen, als sie im 19. Jahrhundert erstmals in England angeboten wurde – so viel wie eine Kuh.

SYNONYME

New Maiden's Blush, Queen of Denmark

BESCHREIBUNG

perfekt geformte Duftrose mit umstrittener Herkunft

GRUPPE

Alba-Rosen

HERKUNFT

Deutschland, Booth 1816

BLÜTE

sommerblühend, dicht gefüllt, oft geviertelt, stark duftend

FARBE

rosa, außen heller werdend

WUCHS

150–180 cm hoch, aufrecht, sehr winterhart

Madame Hardy

Aristokratische Rose für Snobs

Ein grünes Auge inmitten dicht gerüschter weißer Blütenblätter? »Natürlich eine Madame Hardy!« können da sogar totale Rosenignoranten fachkundig diagnostizieren – diese Rose ist unverwechselbar. Anfangs kam das grüne Auge allerdings nicht gut an. Im 19. Jahrhundert bemängelte der rosenkundige Pfarrer Samuel Hole, Madame Hardy sei »leider! – grünäugig wie die Eifersucht«; ein anderer Rosenkenner nörgelte, die Blüten seien »von grünen Knöpfen in der Mitte entstellt«. Monsieur Hardy, Chefgärtner des Jardin du Luxembourg, züchtete insgesamt etwa achtzig Rosensorten; nach Meinung eines Zeitgenossen hätte allerdings schon eine einzige genügt, um ihn berühmt zu machen – diese perfekte Rose benannte er nach seiner Frau Félicité, und sie gilt bis heute als eine der schönsten historischen Sorten.

In seinem Buch *Meine zweite Natur* schildert der Schriftsteller Michael Pollan seine anfänglichen Vorbehalte gegen das »exklusive, schrullige Reich« der alten Rosen. Misstrauisch pflanzte er eine Madame Hardy, wobei er bezweifelte, ob sie ihrem Ruf überhaupt gerecht werden würde. Aber er erlebte eine Überraschung: Als sich die Knospen allmählich öffneten, tauchten Büschel aus porzellanweißen Blütenblättern auf; sie waren, wie Pollan schreibt, »auf raffinierte Weise in Form einer viergeteilten Rosette angeordnet« und erinnerten ihn an die Rosettenfenster gotischer Kathedralen. Es folgte ein Offenbarungsmoment – er begriff, warum diese historische Sorte »auf snobistisch veranlagte Rosenkenner einen derartigen Reiz ausübt«. Pollans Fazit: »Verglichen mit modernen Rosen ist Madame Hardy tatsächlich eine Aristokratin.«

SYNONYME
Félicité Hardy

BESCHREIBUNG
weiße Rose mit typischem grünem Auge

GRUPPE
Damaszener-Rosen

HERKUNFT
Frankreich, Hardy 1832

BLÜTE
sommerblühend, dicht gefüllt, mittig grünes Auge, sehr stark duftend

FARBE
schneeweiß

WUCHS
150–200 cm hoch, aufrecht, sehr winterhart

Madame Pierre Oger

Eine viktorianische Porzellanschönheit

Madame Oger ist eine (uneheliche) Tochter von Königin Viktoria; trotz ihres bürgerlichen Namens handelt es sich um eine Rose hochadeliger Abkunft. Der französische Rosenzüchter Pierre Oger entdeckte sie nämlich als Mutation – »Sport«, wie Botaniker sagen – der berühmten Rosensorte Reine Victoria. Und passenderweise sind beide Rosensorten typisch viktorianisch: Mit ihrem köstlichen Duft und den kugeligen, immer wieder erscheinenden Blüten entsprachen sie genau dem Zeitgeschmack des späten 19. Jahrhunderts.

Nur in der Farbe unterscheiden sie sich: Reine Victoria ist schlicht rosa, während Madame Pierre Oger einen komplexen Farbwechsel durchläuft. Die *Rosen-Zeitung* urteilte 1889, diese Rose dürfe »in keinem Garten fehlen«, und schwärmte: »Als geschlossene Knospe zeigen die herausbrechenden Blumenblätter eine herrliche leuchtendrote Färbung (...). Öffnet sich dagegen die Knospe, so tritt das lichte herrliche Cremgelb aus dem Innern der Blume hervor, welches bei dem völligen Erblühen in Milchweiss übergeht. Nach 1–2 Tagen tritt allmählich eine ganz andere Färbung ein. Die äusseren Spitzen und die Ränder der Blumenblätter färben sich rot, sogar bis ins Lila spielend. Die ganze Blume hat auf den ersten Anblick das Aussehen, als sei sie aus Wachs oder aus feinstem Porzellan.« Wer das zu lieblich findet, kann auf die monochrom rosafarbene Reine Victoria ausweichen – die allerdings keinen Regen mag: Nass, so spottete der US-Rosenkenner Brent Dickerson, hänge sie nach unten und ihre Schönheit sei nur noch etwas für »aufmerksame Eidechsen und ästhetisch veranlagte Ameisen«.

BESCHREIBUNG
weißrosa Lieblingsrose des viktorianischen Zeitalters

GRUPPE
Bourbon-Rosen

HERKUNFT
Frankreich, Oger 1878

BLÜTE
öfterblühend, kugelig und dicht gefüllt, stark duftend

FARBE
weiß mit rosa Rändern

WUCHS
150–180 cm hoch, aufrecht, winterhart

Maheka

Die schöne Sultanin

Um 1788 bestieg eine junge Französin im Hafen von Nantes ein Schiff nach Martinique – Aimée Dubucq de Rivery, adelige Tochter eines Plantagenbesitzers, war nach einigen Jahren in einer französischen Klosterschule auf dem Weg nach Hause. Daraus wurde nichts: Der französische Segler ging unter; Mannschaft und Passagiere konnten glücklicherweise von einer spanischen Galeone gerettet werden. Damit waren Aimées Schwierigkeiten allerdings nicht zu Ende: Algerische Piraten kaperten das spanische Schiff, entführten sie und verkauften sie als Sklavin an den Bey von Algier; dieser wiederum schickte sie als Geschenk an seinen Herrn, den Sultan des Osmanischen Reiches. Die junge Französin landete im Harem des Topkapi-Serails in Konstantinopel, wo sie zur Favoritin des Sultans und Mutter des Thronerben Mahmud II. avancierte und schließlich hoch geehrt als *Valide Sultan*, Sultansmutter, starb.

Die schöne Geschichte von der »schönen Sultanin«, wie die Rosensorte Maheka auch genannt wird, hat nur einen Haken: Sie ist wohl nur eine Legende. Wahr ist immerhin, dass Aimée auf der Reise nach Martinique spurlos verschwand. Wahr ist auch, dass die nach ihr benannte Rose zu den schönsten und robustesten alten Sorten gehört und mit ihren dunkelrotviolett changierenden Blütenblättern wahrhaft orientalische Pracht ausstrahlt. Und noch eine dritte Tatsache ist wahr: Aimée wuchs in Martinique mit ihrer Cousine Marie Rose auf, ebenfalls Tochter eines Sklavenhalters und Plantagenbesitzers. Besser bekannt ist sie als Joséphine, Besitzerin des Rosengartens von Malmaison und Kaiserin von Frankreich.

SYNONYME

La Belle Sultane, Violacea

BESCHREIBUNG

orientalisch prächtige purpurrote Rose

GRUPPE

Gallica-Rosen

HERKUNFT

unbekannt, vor 1795

BLÜTE

sommerblühend, große, halbgefüllte Blüten, leicht duftend

FARBE

dunkel violettrot mit gelben Staubgefäßen

WUCHS

ca. 180 × 150 cm, breiter, aufrechter Strauch, robust und sehr winterhart

Maiden’s Blush

Die errötende Verführerin

Belle Fille. Maiden’s Blush. Incarnata. La Séduisante. La Virginale: ein schönes Mädchen, das errötet, fleischfarben und verführerisch (aber jungfräulich!) ... Die zahlreichen Namen dieser Rose schwelgen in klebrig-erotischer Symbolik; ihren verbalen Höhepunkt erreicht sie in dem Synonym »Cuisse de Nymphe émue«. Es ist dermaßen anzüglich, dass sich die Schriftstellerin Vita Sackville-West in ihrem Buch *More for your Garden* britisch diskret um eine Erklärung drückte: »Ich werde die französische Sprache nicht mit dem Versuch beleidigen, diesen sehr ausdrucksstarken Namen zu übersetzen. Es sei nur angedeutet, dass Cyrano de Bergerac seine Bedeutung zu schätzen gewusst hätte.«

Über Jahrhunderte war diese weiße, fleischfarben-rosig überhauchte Rose ein Liebling der Bauerngärten; trotz ihrer Schönheit ist sie so zäh und langlebig, dass immer wieder Rosenstöcke dieser Sorte in vollkommen verwilderten alten Gärten gefunden werden. Die Nutzer des Rosenforums *Helpmefind.com* haben sie unter mehr als 38.000 Rosensorten zu ihrer Lieblingsrose erwählt, genau wie der englische Rosenzüchter Peter Beales. Er nannte Maiden’s Blush »launisch, einmal blühend, regenhassend, aber umwerfend schön« und lobte: »Selbst wenn sie, was im englischen Klima vorkommen kann, nur eine einzige perfekte Blüte produziert, ist diese so bezaubernd, dass ich ein ganzes Jahr lang zufrieden bin.«

Zu guter Letzt – schließlich leben wir in freimütigeren Zeiten – sei auch die Übersetzung des anzüglichen Namens verraten, die Vita Sackville-West so schamhaft verschwieg: Er heißt so viel wie »Schenkel einer erregten Nymphe«.

SYNONYME
Alba incarnata,
Cuisse de Nymphe,
Great Maiden’s Blush

BESCHREIBUNG
seit Jahrhunderten
beliebte Duftrose
der Bauerngärten

GRUPPE
Alba-Rosen

HERKUNFT
unbekannt, vor 1400

BLÜTE
sommerblühend,
gefüllt,
sehr stark duftend

FARBE
weiß, rosa überhaucht

WUCHS
ca. 180 × 150 cm,
aufrechter Busch,
sehr winterhart

Old Blush

Sensationsimport aus China

Auf einem nach Meinung mancher Fachleute über tausend Jahre alten Rollbild aus China ist diese Rose bereits zu sehen: Vor einem nur 25 Zentimeter hohen, aber über 2 Meter breiten Hintergrund aus mattbrauner Seide lässt sie ihre anmutig zerzausten Blüten von einem gebogenen Ast hängen, umschwirrt von Wespen. Aber wie gelangte sie nach Europa? Claude-Antoine Thory schrieb in Redoutés *Les Roses*, die »Bengalrose«, wie er sie nannte, sei von den Engländern aus Indien importiert worden und habe 1793 im Garten eines Mr. Parsons aus Hertfordshire zum ersten Mal in Europa geblüht (bis heute heißt sie deshalb in England »Parsons' Pink«). Andere Autoren berichteten, ein schwedischer Schiffsarzt habe sie 1752 aus China mitgebracht und in Uppsala dem berühmten Botaniker Carl von Linné übergeben. Wie Brent Dickerson in seinem *Old Rose Advisor* spottete: »Alle wollten es gewesen sein.«

Ob sie nun über England oder über Schweden einreiste – die China-Rose war eine Sensation. Die erste dauerblühende Rose! Old Blush eroberte Europa im Sturm, und ein neues Rosenzeitalter begann: »Sie wird in allen Gärten angepflanzt: Man begegnet ihr in den Palästen ebenso wie in den Bauernkaten«, schrieb Thory 1817. Bis heute wird diese süß duftende, bis zum ersten Frost unermüdlich blühende Rose gelobt: Brent Dickerson fand, sie biete »seit über zweihundert Jahren allen Konkurrenten die Stirn«, und für Graham Stuart Thomas gehörten die charmanten, leicht zerzausten Blüten von Old Blush neben Forsythie, Flieder und Winterjasmin zu jenen »Lieblingen, ohne die ein Garten nicht komplett ist«.

SYNONYME
Common China, Monthly Pink, Pallida, Parsons' Pink China

BESCHREIBUNG
die erste China-Rose in Europa

GRUPPE
China-Rosen

HERKUNFT
unbekannt, vor 1793

BLÜTE
öfterblühend, locker gefüllt, sanfter Duft

FARBE
zartrosa

WUCHS
bis 200 cm hoch, filigraner Busch, winterhart

Rosa glauca

Hechtblau, rostrot oder pflaumenlila?

Rosen pflanzt man wegen ihrer schönen Blütenform – wie die kugelige Madame Pierre Oger. Wegen ihrer Farbe – wie die purpurrote Maheka. Wegen ihres Duftes – wie die betörende Rose de Resht. Wegen ihrer Geschichte – wie die legendäre York & Lancaster. Oder wegen ihrer Wuchsform – wie die winzige Rouletii.

Manche Sorten pflanzt man aber aus einem weiteren Grund: wegen ihres Laubes. Es kann lappig sein wie bei der »salatblättrigen« Bullata, farnartig gefiedert wie bei Double White, dunkelgrün glänzend wie bei Mermaid oder matt hellgrün wie bei *Rosa rugosa*. Und manchmal ist es graublau: Die *Rosa glauca* ist für ihre bereiften Blätter berühmt, die bestens mit violett bis dunkelrot blühenden oder rotlaubigen Gartenpflanzen harmonieren. Mit ihrem überhängenden Wuchs passt sie in – oder besser: über – jedes Beet, trägt im Herbst orangerote Hagebutten und lässt sich, wie Claude-Antoine Thory schon 1817 empfahl, »durch Aussaat leicht und schnell vermehren«. Graham Stuart Thomas lobte sie 180 Jahre später als »Gehölz von ganz besonderem gärtnerischem Wert«; Vita Sackville-West sah ihre Schönheit im »Kontrast zwischen den grau-grünen Blättern und den Stielen von der Farbe reifer Viktoriapflaumen«. Passenderweise beschrieb Alma de l'Aigle die Blattfarbe dieser auch »Hechtrose« genannten Sorte als »rot, hechtblau überlaufen«. Diese zweideutige Farbe spiegelt sich auch in ihren lateinischen Namen: *Rosa glauca* (blaugraue Rose), *Rosa ferruginea* (rostfarbige Rose) und *Rosa rubrifolia* (rotblättrige Rose). Nur mit der *Rosa rubifolia*, der brombeerblättrigen Rose, sollte man sie nicht verwechseln: Das ist eine ganz andere, unauffälligere Art.

SYNONYME
Hechtrose, *Rosa ferruginea*, *Rosa rubrifolia*, Rotblatt-Rose

BESCHREIBUNG
Wildrose mit dekorativ bläulichem Laub

GRUPPE
Wildrosen

HERKUNFT
Europa

BLÜTE
sommerblühend, kleine, ungefüllte Blüten, schwach duftend

FARBE
leuchtend dunkelrosa mit weißer Mitte

WUCHS
150–300 cm hoch, überhängend, sehr winterhart

Rosa muscosa

Keuscher Liebling unserer Ururgroßmütter

»Unterm Moose zart verborgen / Hüllst Du ein den holden Schein; / So muss auch die wahre Liebe / Züchtig, zart verborgen sein.« Wohlweislich anonym besang 1868 ein rosenbegeisterter Dichter – oder war es eine Dichterin? – die »von lieblich grünendem Gewebe umstrickte« Moosrose; in ähnlichen verzückten Tönen schwärmte der Blumenspezialist Robert Betten: »Ein so herrliches Symbol der Keuschheit und der Bescheidenheit (...) vermag uns keine andere Rose zu geben. Schamhaft umhüllt sie ihren Kelch und ihre Kelchzipfel mit grünlich-braunem Moos; zaghaft, scheinbar verwirrt, lässt sie aus diesem Moos die Blumenblätter hervorquellen.« Eine Rose als Bild koketter Schamhaftigkeit – das passte ins ebenso schwülstige wie verklemmte 19. Jahrhundert.

»Die Lieblingsblume meiner Mutter war die Moosrose«, schrieb die 1889 geborene Autorin Alma de l'Aigle und berichtete, das gelte auch für die Mütter ihrer Freundinnen. Die Moosrosen-Begeisterung des 19. Jahrhunderts hatte aber nicht nur mit deren »Keuschheit« zu tun. Tatsächlich geben die feinen Fasern, die aufgrund einer Mutation die Blütenkelche bedecken, dieser robusten alten Gartenrose mit ihren üppig runden Blüten einen ganz besonderen Reiz. Und das nicht nur optisch – Alma de l'Aigle schwärmte, das Moos dufte fast noch schöner als die Blüte selbst: »Da ist ein Lager von Moos im Waldhaus, o da ist Heimstatt, da ist offener Herd.«

Hunderte von Moosrosen-Züchtungen entstanden im 19. Jahrhundert, aber nach Meinung des Rosenexperten Graham Stuart Thomas ist keine von ihnen schöner als die gewöhnliche *Rosa muscosa*: »Manche Pflanzen sind im Original am besten.«

SYNONYME

Moosrose, Mousseux Ancien, Old Pink Moss, *Rosa centifolia ›Muscosa‹*

BESCHREIBUNG

Duftrose mit hübsch »bemoosten« Kelchen

GRUPPE

Moosrosen

HERKUNFT

unbekannt, vor 1699

BLÜTE

sommerblühend, gefüllt, Blüten und Moos stark duftend

FARBE

rosa

WUCHS

bis 200 cm hoch, aufrecht, sehr winterhart

Rosa rugosa

Die Uferbirne wird zur Apfelrose

Eine sensationelle Rosenneuheit aus Japan eroberte Ende des 19. Jahrhunderts die englischen Gärten. Die Buchautorin Rose Kingsley erzählte: »Ich erinnere mich noch an die ersten Pflanzen der normalen rosaroten Art, die ich 1876 zum ersten Mal sah. Sie galten damals als Neuheit, und ich weiß noch gut, dass wir alle anfingen, sie in unseren Gärten anzupflanzen, und dass wir im Herbst entzückt waren von ihren großen, schönen, leuchtend scharlachroten Hagebutten, genau wie die Amseln und Drosseln.« In Europa hieß die neue Art zunächst »Ramanas-Rose« – eine Verballhornung des ursprünglichen japanischen Namens *hamanashi*, der so viel wie »Ufer-Birne« bedeutet, weil sie mit ihren großen Früchten wild an den Küsten des Fernen Ostens wächst. Inzwischen breitet sie sich auch an den Stränden Belgiens und Kaliforniens aus (wo sie als invasive Art gilt, weil sie einheimische Pflanzen verdrängt), und auf den deutschen Nordseeinseln gibt es so viele *Rosa-rugosa*-Hecken, dass sie dort »Sylter Rose« genannt wird.

Mit ihren knallrosa Blüten, den fast zeitgleich erscheinenden tomatenroten Hagebutten – die ihr bei uns den Namen »Apfelrose« eingebracht haben – und den froschgrünen, im Herbst strahlend gelben, kartoffelartigen Blättern ist sie auch im Binnenland eine wunderbare Gartenpflanze. (Wer die Kombination aus Pink und Hellrot zu knallig findet, wähle die weiß blühende *Rosa rugosa alba*.) Und sie ist kerngesund: Der englische Rosenverächter Dan Hinckley hält sie für die einzig respektable Rose unter lauter »Überzüchteten und Chemieabhängigen«, und Alma de l'Aigle fand, sie sollte statt *Rosa rugosa* besser »*Rosa robusta*« heißen.

SYNONYME
Apfelrose, Kartoffelrose, Ramanas-Rose, Sylter Rose

BESCHREIBUNG
robuste Wildrose mit schönen Hagebutten

GRUPPE
Wildrosen

HERKUNFT
Ostasien

BLÜTE
öfterblühend, ungefüllte, große Blüten, leicht duftend

FARBE
kräftig rosarot

WUCHS
150–200 cm hoch, dicht, für Hecken, sehr winterhart

Rose des Peintres

Üppige Blüten für barocke Buketts

Um 77 nach Christus sortierte Plinius der Ältere die Rosen »nach der Menge, Rauheit, Glätte, Farbe und dem Geruche der Blumenblätter. Die geringste Zahl der Blumenblätter ist 5, ihre Menge steigt aber so sehr, dass eine Art die hundertblättrige genannt wird«. Die Rosenklassifizierung ist seitdem vorangekommen, die Zahl aber stimmt: *Rosa centifolia ›Major‹* kann (wenn sich die Autorin nicht verzählt hat) über hundert sogenannte »Petalen« an einer einzigen Blüte tragen.

Es ist umstritten, ob die Hundertblättrige aus Plinius' *Naturgeschichte* mit jener Zentifolie identisch ist, die um 1600 in den Niederlanden auftauchte. Diese wurde jedenfalls sofort zur Rose des Peintres, zur Malerrose: Ihre riesigen runden, fast kohlkopfgroßen Blüten, die ihr den etwas despektierlichen Spitznamen »Kohlrose« einbrachten, sind auf zahlreichen Blumenstillleben des 17. Jahrhunderts zu sehen. Jan Brueghel der Ältere, Rachel Ruysch, Clara Peeters, Jan Davidszoon de Heem und andere malten prachtvolle Buketts aus *Rosa centifolia ›Major‹*, Narzissen, Tulpen, Iris, Akelei, Pfingstrosen und Lilien. Auch ganz pur ist, wie Thomas Rivers 1837 schrieb, »ein Strauß aus diesen Rosen schöner und duftender als alle anderen«. Wer aber Lust hat, selbst einen barocken Prachtstrauß zusammenzustellen, sollte die Malerrose möglichst zeitig zum Blühen bringen – eigentlich beginnt ihre Saison erst nach den Frühjahrsblumen. Dafür könnte ein fast 2000 Jahre alter Ratschlag von Plinius nützlich sein: »Um früh Rosen zu bekommen, macht man, wenn die Knospen sich zeigen, eine fusstiefe Grube um die Wurzel, und begiesst mit warmem Wasser.«

SYNONYME

Große Holländische Rose, Kohlrose, *Rosa centifolia ›Major‹*

BESCHREIBUNG

die »hundertblättrige« Rose der niederländischen Stillleben

GRUPPE

Zentifolien

HERKUNFT

unbekannt, vor 1597

BLÜTE

sommerblühend, anfangs rundlich, später schalenförmig oder geviertelt, sehr stark duftend

FARBE

rosa

WUCHS

ca. 160 × 160 cm, buschig, sehr winterhart

Schottische Zaunrose

Der süße Duft der Sommernachtsträume

»Zur Vertreibung der Unannehmlichkeiten der Luft und des Rauchs von London« machte der Schriftsteller und Gartenbauer John Evelyn 1661 einen überaus modern anmutenden Vorschlag: Vor der smog- und seuchengeplagten Stadt sollten Grüngürtel mit Pflanzen angelegt werden, die »Blüten mit dem allerstärksten Duft und Wohlgeruch tragen und sich besonders dazu eignen, die Luft bei jedem sanften Hauch über große Entfernungen damit zu tränken«. An erster Stelle seiner Luftreinigungs-Pflanzenliste führt Evelyn »Sweet-Briar« auf: die Schottische Zaunrose, auch »Weinrose« genannt.

Wegen des betörenden Apfeldufts ihrer Blätter wird diese Wildrose in England seit jeher verehrt. William Shakespeare ließ in seinem *Sommernachtstraum* die Elfenkönigin Titania unter Wein- und Moschus-Rosen schlafen (August Schlegel übersetzte wohlklingend, aber falsch »Jasmin«). Der Dichter John Keats lobte 1818 ihren »regensatten Rosenduft«; H. C. Andrews fand 1828, schon ihr englischer Name »Eglantine« sei wie Balsam für die Ohren und sie werde »auf immer zum süßesten Schmuck der Gärten gehören«; Thomas Rivers fragte 1837: »Welcher Duft könnte schöner sein als der von Sweet-Briar an taufeuchten Juniabenden?«

Auch im 21. Jahrhundert findet der berühmte Gärtner Christopher Lloyd die Schottische Zaunrose »unschlagbar«. Wer ihren Duft genießen möchte, pflanzt sie am besten als naturnahe, vogelfreundliche Dufthecke (und lässt im Vorübergehen die Hände durch die wohlriechenden Blätter gleiten). Und vielleicht wird ja eines Tages auch John Evelyns Plan der rosenduftenden Frischluftschneisen für unsere Großstädte umgesetzt …?

SYNONYME
Eglantine, *Rosa rubiginosa*, Sweet-Briar, Weinrose

BESCHREIBUNG
Wildrose mit süß duftenden Blättern

GRUPPE
Wildrosen

HERKUNFT
Europa/Westasien

BLÜTE
sommerblühend, ungefüllt, Laub mit Apfelduft

FARBE
hellrosa mit weißlicher Mitte

WUCHS
ca. 350 × 250 cm, ausladend, für undurchdringliche Hecken, sehr winterhart

Semiplena

Mittelalterlich madonnenweiß

Rosen wirbeln durch die Luft, rings um eine Frauengestalt, die – nur mit ihrem Haar bekleidet – auf einer Muschel an den Strand schwebt: Für sein berühmtes Gemälde *Geburt der Venus* wählte Sandro Botticelli um 1485 die *Rosa alba* als Symbol von Unschuld und Reinheit. Zwanzig Jahre später legte Lucas Cranach sie auf seinem *Katharinenaltar* einem Knaben ins Körbchen, der Rosen an drei Heilige überbringt. Und Martin Schongauers *Madonna im Rosenhag* von 1473 sitzt in einem strahlend goldenen Bildraum vor einem Spalier, an dem weiße neben roten Rosen ranken. In allen drei Fällen, so wird vermutet, handelt es sich um die »weiße Halbgefüllte«, *Rosa alba semiplena*. Zusammen mit ihrer dichter gefüllten Cousine *Rosa alba maxima* gehörte sie zu den Lieblingsrosen des Mittelalters und der Renaissance. Damals unterschied man »zahme« Gartenrosen nach Farbe und Blüte, wie Hieronymus Bock in seinem *Kreuterbuch* von 1560 schrieb: »Der zamen Rosen findt man weiß / leibfarb und rot / etliche gefült / etliche ongefült«; besonders gut gefielen ihm die weißen Alba-Rosen.

Mit ihren schneeweißen, duftenden und bienenfreundlich offenen Blüten ist die Semiplena bis heute ein Gartenklassiker. Im 19. Jahrhundert schwärmte Thomas Rivers von dieser robusten Rose, die »üppig wächst, ohne jede Pflege, selbst in vernachlässigten Ecken«. Sie bildet rundliche Büsche mit kräftigem, grau schimmerndem Laub, lässt sich aber auch als Kletterrose ziehen. Und Gertrude Jekyll erzählte, sie habe in englischen Cottage-Gärten immer wieder robuste Semiplena-Hochstämme gesehen – mit blühenden Baumkronen von über einem Meter Durchmesser.

SYNONYME
Rosa alba semiplena, White Rose of York

BESCHREIBUNG
die weiße Rose des Mittelalters

GRUPPE
Alba-Rosen

HERKUNFT
unbekannt, vor 1473

BLÜTE
sommerblühend, halbgefüllt, duftend

FARBE
weiß

WUCHS
ca. 200 × 200 cm, breitbuschig, auch für Hecken, sehr winterhart

Yellow Rose of Texas

Die Rose des Wilden Westens

»There's a yellow rose in Texas, I'm going back to see ...« In vielen Western ist dieser Gassenhauer zu hören; auch Elvis Presley besang das Mädchen aus Texas. Es könnte ein reales Vorbild haben: Emily West (auch Emily Morgan genannt), eine Heldin des texanischen Unabhängigkeitskriegs gegen Mexiko. Die 21-jährige Emily, eine »freie schwarze Frau«, wie man damals sagte, arbeitete in einem Gasthaus in Texas. 1836 wurde sie von mexikanischen Truppen entführt, avancierte zur Geliebten des Generals Antonio López de Santa Anna und lenkte diesen im entscheidenden Moment in seinem Zelt ab – so konnten die texanischen Rebellen die Mexikaner überraschen und vernichtend schlagen. Wenn diese Geschichte stimmt, hat Texas seine Unabhängigkeit einer schwarzen Frau zu verdanken.

Die Yellow Rose war also ein Lied, eine Revolutionsheldin – und natürlich eine, wie die US-Autorin Lauren Springer schreibt, »wahrhaft amerikanische« Rose. Siedler nahmen sie mit in den Wilden Westen; bis heute findet man sie dort vor Bauernhöfen und alten Bahnhöfen. »Vor Dornen starrend, widerstand Harison's Yellow selbst den hungrigsten Longhorns; einmal verwurzelt, trotzte sie Trockenheit und Kälte. Am besten war, dass sie sich durch Ausläufer vermehrte, die sich leicht ausgraben und im Planwagen transportieren ließen«, erzählt Thomas Christopher. So gelangte die gelbe Rose bis nach Texas.

Ihre Reise hatte im Osten begonnen: Der Anwalt und Hobbygärtner George Folliot Harison hatte sie 1824 als Sämling in seinem Garten in Manhattan gezogen. In Wahrheit stammt die Texanerin also aus New York – genau wie Emily West.

SYNONYME
Harison's Yellow,
Rosa harisonii

BESCHREIBUNG
robuste, hitzeresistente »Western-Rose«

GRUPPE
Wildrosen-Hybriden

HERKUNFT
USA, Harison 1824

BLÜTE
frühblühend, zahlreiche halbgefüllte Blüten, leicht duftend

FARBE
hellgelb

WUCHS
150–250 cm hoch, extrem robust und trockenheitsresistent, sehr winterhart

York & Lancaster

Vermittlerin im Rosenkrieg

»Es pflücke, wer ein echter Edelmann / Und auf der Ehre seines Bluts besteht, / Wenn er vermeint, ich bringe Wahrheit vor, / Mit mir von diesem Strauch 'ne weiße Rose«, verlangt Richard Plantagenet in Shakespeares Drama *Heinrich VI.* Der Graf von Somerset fordert dagegen: »So pflücke, wer kein Feiger ist noch Schmeichler / Und die Partei der Wahrheit halten darf, / Mit mir von diesem Dorn 'ne rote Rose.« Weiße Rosen gegen rote Rosen: Etwa dreißig Jahre lang, zwischen 1455 und 1485, tobten in England die sogenannten Rosenkriege, in denen sich das Haus York mit seiner weißen Wappenrose (vermutlich die Semiplena, S. 95) und das Haus Lancaster mit seiner roten (die Apothekerrose, S. 19) blutige Schlachten um den englischen Königsthron lieferten.

Dass Shakespeares Figuren ihre diplomatisch heikle Entscheidung zwischen weißen und roten Rosen an einem einzigen »Dorn« treffen, lässt darauf schließen, um welche Rose es sich handelte: höchstwahrscheinlich die später »York & Lancaster« benannte Sorte. Diese ebenso alte wie seltene Damaszener-Rose trägt am gleichen Stock sowohl rosarote als auch weiße Blüten und Blütenblätter. Graham Stuart Thomas beschrieb die Blüten als »komplett hell oder komplett dunkel oder hell-dunkel geschuppt oder farblich klar geteilt, aber niemals gefleckt oder gestreift« und lobte York & Lancaster als »herrlich aufrecht« und »wunderschön«. Schon 1629 empfahl der Botaniker John Parkinson, diese Rose nicht in die Sonne zu pflanzen, damit sie nicht ausbleiche, und lieferte eine erfreuliche Erklärung für ihre Farbenvielfalt: »Die Natur liebt es, zu spielen.«

SYNONYME
Rosa damascena ›Versicolor‹

BESCHREIBUNG
zweifarbige Duftrose der Rosenkriege

GRUPPE
Damaszener-Rosen

HERKUNFT
unbekannt, vor 1551

BLÜTE
sommerblühend, gefüllt, starker Duft

FARBE
rosarot und weiß

WUCHS
ca. 150–180 cm hoch, breiter Strauch, sehr winterhart

Weitere Strauchrosen

WEISS

Penelope · Aus lachsrosa Knospen öffnen sich immer wieder weiß verblassende, halbgefüllte Blüten in großen Büscheln – eine der schönsten Sorten des britischen Züchters Pemberton (*ca. 150 cm, GB 1924*).

Shailer's White Moss · Eine »einzigartige Schönheit« sei diese duftende Moosrose mit ihren pelzigen Knospen und den kugeligen, gefüllten Sommerblüten, lobte Graham Stuart Thomas (*Syn. Rosa muscosa alba, 150–180 cm, GB 1788, Abb. S. 5*).

Stanwell Perpetual · Als »einen der größten Schätze englischer Gärten« lobte Ellen Willmott 1910 diese fast dauerblühende Rose, die ihre duftenden weißrosa Blüten bis in den November an breit überhängenden Zweigen hervorbringt (*ca. 150 cm, GB 1838*).

GELB

Mutabilis · Diese wunderbar vielfarbige China-Rose mit ihren schmetterlingsgleichen, ungefüllten Blüten in Gelb-Orange-Rosa wurde 1894 auf einer Insel im Lago Maggiore entdeckt; leider gedeiht sie nur in mildem Klima (*Syn. Tipo Ideale, 120–250 cm, vor 1894*).

Persian Yellow · Massen strahlend gelber, kugelig gefüllter Blüten erscheinen schon im Mai an den überhängenden Trieben dieser starkwüchsigen Rose mit ihrem hübschen farnartigen Laub (*150–200 cm, vor 1837*).

ROSA

Bullata · Wegen ihrer riesigen Blätter heißt diese Zentifolie auch »Salatrose«; sie trägt im Sommer große, kugelig gefüllte, stark duftende Blüten in reinem Rosa (*Syn. Salatrose, ca. 180 cm, vor 1600, Abb. S. 58/59*).

Celeste · »Himmlisch« schöne, halbgefüllte Blüten erscheinen im Sommer vor dem graugrünen Laub dieser viel gepriesenen zartrosa Alba-Rose, die im Herbst längliche rote Hagebutten bildet (*Syn. Celestial, ca. 180 cm, wohl NL vor 1759*).

Louise Odier · Altbewährte Bourbon-Rose auch für kältere Regionen, deren große, dicht gefüllte und stark duftende warmrosa Blüten immer wieder erscheinen und sich gut in der Vase halten (*ca. 180 cm, FR 1851*).

Paul Neyron · Wegen ihrer riesigen, bis zu 15 Zentimeter großen Blüten war diese – nach einem heldenhaften, aus Erschöpfung gestorbenen Soldaten getaufte – öfterblühende Rose so berühmt, dass ihr kräftiges Pink »Neyronrosa« genannt wurde (*120–200 cm, FR 1869*).

Trigintipetala · Für alle, die mit Rosenessenzen experimentieren wollen: Die im Sommer erscheinenden zartrosa Blüten dieser uralten, stark duftenden Damaszener-Rose dienen in Bulgarien bis heute zur Gewinnung von Rosenöl (*Syn. Bulgarische Ölrose, Rose von Kazanlik, ca. 200 cm, wohl Persien vor 1600*).

ROT

Rosa moyesii · Strahlend geranienrote, ungefüllte Blüten erscheinen im Frühsommer an den ausladenden Trieben dieser Wildrose, gefolgt von dekorativ orangefarbenen, flaschenförmigen Hagebutten (*Syn. Blutrose, Mandarinrose, 150–300 cm, Wildrose*).

Souvenir du Docteur Jamain · An Säulen und Obelisken wächst diese Strauchrose besonders schön; ihre üppig weinroten, duftenden Blüten erscheinen im Frühsommer und im Herbst (*ca. 180 cm, FR 1865*).

Ulrich Brunner (Fils) · In hellem Kirschrot leuchten die becherförmigen, duftenden Blüten dieser robusten, öfterblühenden Rose; um 1900 waren sie als Schnittblumen sehr beliebt (*ca. 180 cm, FR 1881*).

VIOLETT

Charles de Mills · Zu den »Weltrosen« zählt diese berühmte Gallica-Rose; ihre herrlich duftenden Blüten präsentieren im Sommer ein dunkles Farbspektakel von Karminrot über Purpur bis Violett (*Syn. Bizarre Triomphant, 150–200 cm, wohl NL vor 1786*).

Erinnerung an Brod · Hoher Strauch oder kleine Kletterrose – diese Rose ist vielseitig verwendbar und trägt im Sommer über Wochen einen üppigen Flor dicht gefüllter dunkelvioletter Blüten (*150–250 cm, AT/HU 1886*).

Roseraie de l'Haÿ · Diese nach einem berühmten, noch heute existierenden Rosengarten bei Paris benannte Rugosa-Rose trägt bis in den Herbst locker gefüllte Blüten in strahlendem Purpurrot (*ca. 180 cm, FR 1900*).

Kletterrosen

Die klassischen Kletterrosen, die meist 2,50 bis 3 Meter hoch werden, kann man an Wänden, Rosenbögen, Rankgestellen oder Pergolen ziehen. Anders sieht es mit den sogenannten »Rambler-Rosen« aus: Sie sind so starkwüchsig, dass sie Bäume oder sogar ganze Hausfassaden überwuchern können.

Banksiae

Süß duftende Schönheit des Südens

Sie ist die größte Rose der Welt: Die weiß blühende, duftende Shady Lady of Tombstone beschattet im US-Staat Arizona wie ein riesiger Baum eine Fläche von über 700 Quadratmetern. Gepflanzt wurde sie 1885 von Mary Gee, einer jungen Immigrantin aus Schottland. Weil Mary an Heimweh litt, schickte ihre Familie ihr Rosenableger aus dem elterlichen Garten über den Atlantik. Eine der Rosen setzte Mary zusammen mit ihrer Pensionswirtin und Freundin Amelia Adamson in deren Hinterhof – dort wächst sie, gestützt auf Holzgestelle, bis heute (auch die Pension existiert noch).

Die Shady Lady ist allerdings keine Schottin: William Kerr, der erste professionelle »Pflanzenjäger«, entdeckte *Rosa banksiae banksiae* um 1807 in China. Er hatte keinen einfachen Beruf: »Einheimische umringten diesen eigenartig gekleideten Gärtner, tasteten ihn ab und klauten alle nicht befestigten Gerätschaften, wie etwa seine Handkellen, Tragesäcke und selbst seine Mütze«, berichtet Peter Harkness. Dennoch konnte Kerr viele neue Pflanzen nach Europa senden, darunter diese herrliche, nach der Frau seines Chefs auch »Lady Banks« genannte Kletterrose. Die üppig wuchernde Sorte mit ihren süß duftenden Blütenbüscheln wurde schnell beliebt – vor allem in den »englischen Gärten an der Riviera«, denen Gertrude Jekyll 1902 ein eigenes Buchkapitel widmete. In unseren Breiten sollte man sie, riet Karl Selbstherr 1832, »in einem Orangeriehause im freien Boden« ziehen – wer keine Orangerie hat, kann Lady Banks in Italien bewundern. Ihrem Entdecker war das nicht vergönnt: William Kerr verfiel dem Opium und starb 1814 als noch junger Mann in Asien; er kehrte nie nach Europa zurück.

SYNONYME

Lady Banks,
Rosa banksiae banksiae

BESCHREIBUNG

nach Vanille duftende Kletterrose für Mittelmeerklima

GRUPPE

Rambler-Rosen

HERKUNFT

China, vor 1807

BLÜTE

frühblühend, große Büschel aus gefüllten Blüten, intensiver Duft

FARBE

cremeweiß

WUCHS

ca. 400–500 cm hoch, dünne, fast stachellose Ranken, nicht winterhart

Beauty of Glazenwood

Gummiguttgelb und incarnatroth

»Diese prächtige Rose fand Herr Fortune in dem Garten eines Mandarinen zu Ningpo, woselbst sie eine Mauer ganz bekleidete und mit ihrer Masse gefüllter, großer, gelb-lachsfarbiger Blumen einen prachtvollen Anblick gewährte«, berichtete der Hofgärtner Rudolph Noack 1870. Der schottische Gärtner Robert Fortune, von dem hier die Rede ist, schmuggelte nicht nur die erste Teepflanze aus China ins damals britisch besetzte Indien, sondern sammelte auch Zierpflanzen. Um im kaiserlichen China weniger aufzufallen, ließ er sich sogar einen Zopf wachsen. Ob er die Stecklinge der berühmten Kletterrose, die ihm zu Ehren auch »Fortune's Double Yellow« genannt wird, im Frühjahr 1844 heimlich abschnitt oder vom Garteneigentümer geschenkt bekam, ist nicht überliefert.

Als sie in Europa ankam, galt sie jedenfalls als Sensation: die erste gefüllte gelbe Kletterrose! Vor allem ihre Farben wurden gepriesen. *Nestel's Rosengarten* lobte 1866, sie biete eine »seltsam überraschende Schönheit« und fessele die Blicke der Vorübergehenden, weil sie »gummitguttgelbe neben incarnatrothen Blumen« trage. (Wie viel poetischer das klingt als »senfgelb und fleischfarben«!) Fortune selbst beschrieb die Blüten als »verblüffend, ungewöhnlich und überaus schön«.

Wer dieses chinesische Juwel bei uns pflanzen möchte, sollte einen warmen, geschützten Ort wählen, am besten in einem Innenhof oder an einer Südwand; Noack empfahl sie »zur Bekleidung von sonnigen Mauern«. Besonders gut wachse sie jedoch, berichtete die *Rosen-Zeitung* 1896, im Weinbauklima von Meran – »in einer Herrlichkeit und Blütenpracht, die jeder Beschreibung spottet«.

SYNONYME

Fortune's Double Yellow, Meraner Rose

BESCHREIBUNG

kletternde Teerose von außergewöhnlicher Farbe

GRUPPE

Teerosen

HERKUNFT

China, vor 1844

BLÜTE

sommerblühend, große, locker gefüllte Blüten, starker Teerosenduft

FARBE

gelb bis lachsrosa

WUCHS

ca. 200–300 cm hoch, langtriebig, nur für geschützte Standorte

Blush Noisette

Die Rose der Emanzipation

Mit Nüssen hat sie nichts zu tun – diese herrliche, immer wieder in großen rosa-weißen Büscheln blühende Kletterrose ist nach ihrem Züchter Philippe Noisette benannt. Er führte ein aufregendes Leben: Schon als junger Mann wanderte der Sohn eines französischen Hofgärtners nach Saint-Domingue, das heutige Haiti, aus, wo er sich in eine schwarze Frau namens Célestine verliebte. Während des Sklavenaufstands der 1790er-Jahre flohen die beiden in den US-Staat South Carolina, wo Célestine und die sechs gemeinsamen Kinder als Noisettes Sklaven registriert werden mussten; erst nach jahrelangen Bemühungen konnte er ihre »Freilassung« erwirken. Berühmt wurde er aber nicht als Emanzipationskämpfer, sondern als Gärtner: Er war Direktor eines botanischen Gartens, führte den Wintergarten und die Strauchpfingstrose in den USA ein und züchtete die nach ihm benannte Kletterrose als Urahnin einer ganzen Gruppe, der mehrfach blühenden Noisette-Rosen.

Eigentlich müssten sie »Champneys-Rosen« heißen, denn Blush Noisette war ein Sämling von Champneys' Pink Cluster, einer öfterblühenden Neuzüchtung von Noisettes Nachbarn, dem Reispflanzer und Rosenliebhaber John Champneys. Philippe Noisette schickte seine Rose an die Gärtnerei seines Bruders in Paris, und so fand die neue Sorte ihren Weg nach Europa. Bis heute ist Blush Noisette wegen ihrer immer wieder erscheinenden Blütenbüschel beliebt – und wegen ihrer Vielseitigkeit: Sie kann als niedrige Kletterrose gezogen werden, lehnt sich aber, wie Graham Stuart Thomas erzählte, auch gerne als lockerer Strauch über die alten Mauern englischer Cottage-Gärten.

SYNONYME
Noisette Carnée,
Rosier de Philippe Noisette

BESCHREIBUNG
mehrfach in Büscheln
blühende US-Kletterrose

GRUPPE
Noisette-Rosen

HERKUNFT
USA, Noisette 1814

BLÜTE
öfterblühend, große Büschel
aus gefüllten Blüten,
leicht duftend

FARBE
anfangs hellrosa,
später weiß

WUCHS
ca. 250 × 150 cm,
niedrige Kletterrose
oder lockerer Strauch,
winterhart

Félicité et Perpétue

Heilig, glücklich und beständig

Im Jahr 203 nach Christus wurden im damals römischen Karthago zwei christliche junge Frauen zum Tod in der Arena verurteilt: Die vornehme Bürgerin Perpetua und ihre Dienerin Felicitas sollten von einem wilden Rind getötet werden. In der Arena hielten sich die beiden so tapfer, dass das Publikum sie zum Tod durch das Schwert begnadigte; später wurden sie als Märtyrerinnen heiliggesprochen.

1600 Jahre später benannte Henri-Antoine Jacques, Hofgärtner des Herzogs von Orléans, seine Zwillingstöchter Félicité und Perpétue nach den beiden Heiligen – und seine schönste Rosenzüchtung. Sie gilt bis heute wegen ihrer üppigen Blüte und dem rasanten Wachstum als eine der besten Kletterrosen. Das *Journal des Roses* berichtete 1884, einige Exemplare der Félicité et Perpétue hätten innerhalb von drei Jahren eine 7 Meter hohe Hausfassade vollständig überwuchert, sodass man sich »an Abertausenden von Blüten ergötzen« könne. Die *Rosen-Zeitung* lobte sie wenig später »in ihrer herrlichen Anmut: Ein Zweig ist gleich ein ganzes Bouquet« und empfahl sie für Säulen, Lauben und Veranden. (Man kann sie übrigens auch an Bäumen emporklettern lassen!)

Ihrem Namen, »Glück und Beständigkeit«, macht Félicité et Perpétue alle Ehre: Ihre üppige Blütenfülle schenkt Sommerglück, und das – fast – immergrüne, glänzende Laub, das sie ihrer Abstammung von *Rosa sempervirens* verdankt, steht für Beständigkeit. Insofern ist diese ebenso robuste wie schöne Rose auch ein wunderbares Geschenk für Hochzeitspaare (so sie denn über einen Garten verfügen): Was könnte man einer Beziehung Schöneres wünschen als Glück und Beständigkeit?

SYNONYME
Félicité-Perpétue

BESCHREIBUNG
starkwüchsiger, fast immergrüner Rambler

GRUPPE
Rambler-Rosen

HERKUNFT
Frankreich, Jacques 1827

BLÜTE
sommerblühend, viele kleine, dicht gefüllte Rosettenblüten, Moschusduft

FARBE
rosa überhauchtes Weiß

WUCHS
500–700 cm hoch, schnell- und starkwüchsig, sehr winterhart

Gloire de Dijon

Ruhm und Ehre der burgundischen Hauptstadt

Gloire d'Angers, Gloire de Bordeaux, Gloire de Colmar: Dutzende großspurig getaufter Rosensorten sollten Ruhm und Ehre französischer Städte preisen; die meisten von ihnen sind längst vergessen. Die Kletterrose Gloire de Dijon aber wurde weltberühmt.

So machten sich sogar mitten im Ersten Weltkrieg zwei rosenbegeisterte US-Soldaten, deren Zug zur Front fünf Stunden Aufenthalt in Dijon hatte, auf die Suche nach dieser Rose, die sie aus ihrer Heimat kannten. Sie fanden die Gärtnerei Jacotot, und die Tochter des Züchters zeigte ihnen den über sechzig Jahre alten Original-Rosenstock – allerdings kam den beiden Amerikanern die Rosenschule mit ihren kriegsbedingt unbeheizten, mit Stroh abgedeckten Gewächshäusern »jämmerlich« vor. Sie wunderten sich, dass »aus diesem Örtchen eine so hervorragende Rose kommen konnte, die nach sechzig Jahren der Erprobung in fast allen zivilisierten Ländern der Welt immer noch gepflanzt und geliebt wird«.

Zweifellos ist Gloire de Dijon eine der besten Kletterrosen aller Zeiten. Vom Frühsommer bis zum ersten Frost trägt sie große, gefüllte, herrlich duftende Blüten, die zwischen Mattgelb und Lachsrosa changieren und sogar für die Vase taugen: 1889 wählten die Leser der *Rosen-Zeitung* sie zur »besten Schnittrose für den Herbst«. Und Pfarrer Samuel Reynolds Hole schrieb 1870 in seinem berühmten *Book about Roses*: »Falls ich jemals wegen eines abscheulichen Verbrechens dazu verurteilt werden sollte, für den Rest meines Lebens nur einen einzigen Rosenstock zu besitzen, würde ich beim Verlassen der Anklagebank um ein kräftiges Exemplar von ›Gloire de Dijon‹ bitten.«

SYNONYME

Old Glory

BESCHREIBUNG

berühmte Kletterrose mit großen, duftenden Blüten

GRUPPE

Teerosen

HERKUNFT

Frankreich, Jacotot 1853

BLÜTE

öfterblühend, große, gefüllte Blüten mit starkem Duft

FARBE

hell gelborange bis lachsrosa

WUCHS

300–400 cm hoch, für warme Wände oder Rankgerüste, winterhart

Hundsrose

Tausendjähriger Klassiker für Naturgärten

Am 22. März 1945 schien es um die tausendjährige Rose von Hildesheim geschehen zu sein: Sie verbrannte bei einem Luftangriff und wurde unter den Trümmern des Doms begraben. Doch bald sprossen neue Triebe aus dem Wurzelstock, und die berühmte Rose ist heute wieder fast 10 Meter hoch – ein zweites »Rosenwunder von Hildesheim«. Das erste soll sich 815 nach Christus am gleichen Ort zugetragen haben: Kaiser Ludwig der Fromme hängte bei einem Jagdausflug ein Reliquiar in einen Rosenstrauch, um zu beten – dieser hielt das heilige Gefäß so unlösbar fest, dass der Kaiser gelobte, neben der Wunderrose eine Kapelle zu errichten, den späteren Hildesheimer Dom.

Botanisch handelt es sich bei dieser Rose um eine Hundsrose. *Rosa canina* hieß schon im alten Rom so; vielleicht, weil Tee aus ihren vitaminreichen Hagebutten als Mittel gegen den Biss tollwütiger Hunde galt, vielleicht, weil sie »hunds-gemein«, also überall zu finden war.

Auf jeden Fall hat sie Charme, ob als Busch, als undurchdringliche Dornröschenhecke oder wie in Hildesheim als Kletterrose an einer Mauer. Alma de l'Aigle schwärmte, sie sei »die Heckenrose der Liebeslieder«, »die Hagrose, die Turnierplätze und Kultstätten einfriedigte«, »das ›Röslein auf der Heiden‹«. Und ähnlich wie andere einheimische Wildrosen, beispielsweise die Schottische Zaunrose (S. 93), ist sie im Naturgarten dank ihrer insektenfreundlich ungefüllten Blüten viel nützlicher als gefüllte Zuchtsorten. Ihre Pollen, Hagebutten und Blätter bieten Nahrung für 39 Wildbienenarten, 54 Vogel- und Säugetierarten und zehn verschiedene Schmetterlingsraupen, darunter passenderweise der Schwarzbindige Rosen-Blattspanner.

SYNONYME
Heckenrose, *Rosa canina*

BESCHREIBUNG
klassische Wildrose mit lackroten Hagebutten

GRUPPE
Wildrosen

HERKUNFT
Europa

BLÜTE
sommerblühend, ungefüllt, zarter Duft, gute Insektenweide

FARBE
weiß bis hellrosa mit weißer Mitte

WUCHS
ca. 300 × 300 cm, überhängender Strauch oder Kletterrose, robust, sehr winterhart

Madame Isaac Pereire

Augenschmaus und Nasenfutter

Frauen mit dem Namen ihres Mannes zu bezeichnen, gehörte zu den Unsitten des 19. Jahrhunderts. Rosensorten wie Frau Karl Druschki (S. 69), Mrs. John Laing, Madame Pierre Oger (S. 77) und die wahrhaft bizarr benannte »Kaiserin Friedrich« teilen dieses Schicksal: Sie machen in Wahrheit nicht die betreffenden Damen unsterblich, sondern deren Gatten.

Dabei hätte Fanny Pereire (wie sie vor *und* nach ihrer Hochzeit hieß) verdient, dass wir uns ihrer erinnern: Sie war erst 16 Jahre alt, als ihr verwitweter Onkel, der Pariser Bankier Isaac Pereire, sich in sie verliebte; die beiden heirateten mit einer Sondergenehmigung gegen den Willen von Fannys Vater, Isaacs Bruder und Geschäftspartner Émile. Auf einem Porträt von 1859 ist Fanny Pereire als selbstbewusste schwarzhaarige Schönheit zu sehen; sie war aber auch eine begabte Unternehmerin: Nach dem Tod der Pereire-Brüder führte sie als Witwe und Tochter deren Geschäfte weiter, bis sie 1910 als hoch geehrte Matriarchin starb.

Auch die nach ihr benannte Kletterrose ist eine auffallende Erscheinung: Mit ihren großen, knallig rosaroten Blüten, die bis in den Herbst immer wieder erscheinen, springt Madame Isaac Pereire sofort ins Auge. Wie der Rosenzüchter Peter Harkness nörgelt, ist die Farbe »nicht jedermanns Geschmack«, konsensfähig ist dagegen der herrlich fruchtige Duft: Für Vita Sackville-West, die Schöpferin des berühmten Gartens von Sissinghurst Castle, waren Madame Isaac Pereire und Madame Pierre Oger die am stärksten duftenden Rosen, und Graham Stuart Thomas fand sie sogar »unvergleichlich«, mit dem »kraftvollsten Duft von allen«.

SYNONYME
Le Bienheureux de La Salle

BESCHREIBUNG
knallig rosarote Kletterrose mit Himbeerduft

GRUPPE
Bourbon-Rosen

HERKUNFT
Frankreich, Garçon 1876

BLÜTE
öfterblühend, dicht gefüllt und geviertelt, intensiv duftend

FARBE
kräftig rosarot bis violett

WUCHS
200–600 cm, kräftig, winterhart

Madame Sancy de Parabère

Zarter Kletterer mit zwielichtigem Schöpfer

Beschaulich und ruhig – so stellt man sich das Leben eines Rosenzüchters vor, mit keinen größeren Aufregungen als Blattläusen oder Spätfrösten. Für den Schöpfer der Boursault-Rosen, zu denen Madame Sancy de Parabère gehört, gilt das nicht: Jean-François Boursault, 1750 in Paris geboren, brannte mit einer Theatertruppe durch, statt nach dem Wunsch seiner Eltern Jura zu studieren. Unterwegs entführte er seine spätere Ehefrau, die Tochter eines Schneiders, und zog mit ihr als Schauspieler, Autor und Theaterdirektor durch Europa. In den Revolutionswirren bereicherte er sich, wie Peter Harkness schreibt, durch Erpressung; später kam er als Spielbankbesitzer zu immensem Reichtum. Boursault hatte (bis zu seinem Bankrott 1832) einen riesigen Garten mitten in Paris; trotz Kontinentalsperre schmuggelte er die neue Kletterrose *Rosa multiflora carnea* (S. 129) aus England ein, und 1818 züchtete er die erste Boursault-Rose: eine in karminroten Büscheln blühende, stachellose Kletterrose, die zu Urahnin einer ganzen Rosengattung wurde.

Zu ihren schönsten Nachkommen zählt die rosafarbene Madame Sancy de Parabère. Ihre riesigen, flachen Blüten duften herrlich und erscheinen schon außerordentlich früh; ihr größter Vorteil aber sind die stachellosen Zweige, dank derer man sie an Rankgitter oder Säulen binden kann, ohne Blut zu lassen. Die *Rosen-Zeitung* empfahl die »imposante Erscheinung« für Wände, Pyramiden oder als Trauerstämmchen mit herabhängenden Blütenzweigen, und der Rosenzüchter Pierre Cochet berichtete staunend, sie bilde jedes Jahr Triebe von 5 bis 6 Metern Länge – man könne sie »gar nicht genug empfehlen«.

BESCHREIBUNG
stachellose Kletterrose mit großen, besonders früh erscheinenden Blüten

GRUPPE
Boursault-Rosen

HERKUNFT
Frankreich, Bonnet 1873

BLÜTE
frühblühend, große, flachgefüllte Blüten, sehr starker Duft

FARBE
rosa

WUCHS
300–500 cm hoch, stachellose Triebe, Kletter- oder Trauerrose, winterhart

Maréchal Niel

Geniale Musterrose ersten Ranges

Als »einmalige geniale Schöpfung in der Geschichte der Rosen« pries die Schriftstellerin Alma de l'Aigle die »vornehme Becherform« der riesigen, hängenden Blüten, ihr »klares Gelb vom Glanz matter Seide« und vor allem den Duft von Maréchal Niel: »Er hat die Lieblichkeit der Teerose, die Kraft des Lilienduftes und doch diese schwebende Leichtigkeit.« Tatsächlich war diese nach einem französischen Feldmarschall benannte Rose ein geradezu kultisch verehrter Bestseller. In England wurde sie 1876 zur besten aller Rosen gewählt, und das *Journal des Roses* berichtete 1877, die »Königin der Rosen« sei so gesucht und knapp, dass Rosenschulen ihren Kunden falsch etikettierte Rosenstöcke als »Maréchal Niel« unterjubelten. 1880 spottete Theodor Nietner, vor dieser »Musterrose I. Ranges« könne man auf Rosenausstellungen Herzoginnen »in Ekstase sehen«.

Rosen- und Gemüsegärtnereien bauten sie in Kalthäusern und Orangerien an; im Garten ist sie so heikel, dass Robert Betten ihr 1896 ein ganzes Buchkapitel widmete. Er riet, sie vor einem Hügel oder einer Mauer in warmer, trockener Erde zu ziehen, am besten aber im – ganzjährig 10 bis 13 Grad kühlen – Gewächshaus oder Wintergarten im offenen Boden. Bei Hitze werde sie von Insekten befallen, wogegen er (bitte nicht nachahmen!) das Spritzen mit Arsen empfahl.

Wer es schafft, diese legendäre, aber kapriziöse Rose zufriedenzustellen, kann sich an wunderbaren Blumen für die Vase freuen – oder fürs Revers: Wie Alma de l'Aigle berichtete, galt in Hamburg eine echte Maréchal Niel im Knopfloch als »unerlässlich«.

BESCHREIBUNG

duftende Kultrose des späten 19. Jahrhunderts

GRUPPE

Noisette-Rosen

HERKUNFT

Frankreich, Rupin 1857 bzw. Pradel 1864

BLÜTE

sommerblühend, gelegentlich remontierend, große, dichtgefüllte, nickende Blüten, starker Teerosenduft

FARBE

mattgelb

WUCHS

300–450 cm hoch, wärmeliebend, für Weinbauklima oder Gewächshaus

Moschus-Rose

Mysteriöse Schönheit für den Herbst

Nicht nur ihr würziger Duft umweht die Moschus-Rose, sondern auch ein Hauch von Geheimnis: Mitte des 20. Jahrhunderts galt diese rätselhafte Rosenart in Europa als ausgestorben, und bis heute weiß man nicht einmal, ob sie eine Wildart ist oder eine uralte Kreuzung. In den Kräuterbüchern der Renaissance ist noch von ihr die Rede: Caspar Bauhinus berichtete 1613, diese »allerköstlichsten« Rosen »seyn kürtzlich auch in Teutschlandt bracht worden / pflegen im Herbst und auch mitten im Winter zu blühen«; er empfahl, zur Anregung der Verdauung »ihrer drey oder vier vor der Maalzeit« zu essen. John Parkinson schrieb 1629 über die »Muske Rose«, sie erreiche »so große Höhe, dass sie jede Gartenlaube überwächst«, und lobte ihren »sehr süßen und angenehmen Duft, der dem Moschus ähnelt«. Und in Redoutés *Les Roses* hieß es 1817, sie blühe spät, halte lange die Blätter und »fürchte den Schnitt«. Was diese Kletterrose aber so außergewöhnlich macht, ist ihre Blüte im Herbst: Ab August oder September, wenn andere Rosen schon verblüht sind, öffnet sie bis zum ersten Frost ihre duftenden weißen Blüten mit den zurückgeschlagenen Blütenblättern.

Dass sie heute wieder angeboten wird, nachdem sie im 20. Jahrhundert fast verschwunden war, ist dem englischen Rosenkenner Graham Stuart Thomas zu verdanken, der 1963 nach langer Suche eine überlebende Pflanze im Garten von Myddelton House im Norden Londons fand. Damit bleibt nur ein Rätsel – bislang – ungelöst: Wie kann Shakespeares Feenkönigin Titania in der Mittsommernacht unter »*sweet musk-roses*« ruhen, wenn diese erst im Herbst blühen?

SYNONYME
Musk Rose, *Rosa moschata*

BESCHREIBUNG
herbstblühende Rose mit Moschusduft

GRUPPE
Wildrose oder frühe Kreuzung

HERKUNFT
wohl West- oder Zentralasien

BLÜTE
öfterblühend ab August, ungefüllt, intensiv duftende Staubfäden

FARBE
reinweiß

WUCHS
ca. 300 cm hoch, aufrechter Strauch oder Kletterrose, wärmeliebend

Seven Sisters

Ein Bild von einer Rose

Kaiserin Joséphine konnte sich nicht mehr an ihr erfreuen – sie starb, bevor die *Rosa multiflora ›Platyphylla‹* im Garten von Malmaison zum ersten Mal blühte. Der Pariser Gärtner Louis Noisette (ein Bruder des Blush-Noisette-Züchters) hatte das »Wunder der Pflanzenwelt«, wie es 1860 im *American Flower-Garden Directory* genannt wurde, für Joséphines Rosensammlung aus England mitgebracht.

Pierre-Joseph Redouté, der die Rosen von Malmaison porträtierte, hatte bei dieser ungewöhnlichen Kletterrose eine besonders reizvolle Aufgabe, denn sie blüht mehrfarbig. Die Kolorierung seiner Stiche war allerdings Frauenarbeit: In sogenannten Illuminationsstuben saßen an langen Tischen Aquarellistinnen, die von Hand jeweils eine einzige Farbe auf ein Blatt auftrugen und dieses dann weiterreichten – ein frühes Beispiel künstlerischer Fließbandfertigung.

Und wer sind die »sieben Schwestern«? Laut Graham Stuart Thomas stehen sie für sieben verschiedenfarbige Blüten pro Büschel; John Lindley tippte auf sieben Knospen, die sich jeweils gleichzeitig öffnen. Dafür sind die Blütenbüschel jedoch zu groß: »Einige enthielten mehr als 50 Blüten, der Durchschnitt lag bei etwa 30, sodass die Zahl der Knospen etwa 3000 betrug. Die Farbenvielfalt der sich öffnenden Blüten war nicht weniger erstaunlich als ihre Zahl. Weiß, Hellrosa, Pink, Hellrot, Dunkelrot, Scharlach und Violett waren im gleichen Büschel zu sehen«, schrieb John Claudius Loudon 1838 und führte den Namen der Rose auf jene sieben Farben zurück. Redouté umging übrigens das Zahlenproblem: Wie auf dem Bild links zu sehen, gab er den Seven Sisters vier Blüten und vier Knospen.

SYNONYME

Grevillei, *Rosa multiflora ›Platyphylla‹*

BESCHREIBUNG

Kletterrose mit vielfarbigen Blütenbüscheln

GRUPPE

Rambler-Rosen

HERKUNFT

China, vor 1817

BLÜTE

sommerblühend, große Büschel aus gefüllten Blüten, duftend

FARBE

weiß, rosa, rot, violettrot

WUCHS

ca. 600 cm hoch, starkwüchsig, winterhart

Tapetenrose

Goethes geliebte Frankfurterin

Wer in Weimar an der Ilm entlangspaziert, kommt an Goethes Gartenhaus vorbei: einem romantischen Kleinod im Grünen, mit Walmdach und weiß gekälkter Fassade. Goethe hatte das Häuschen 1776 erworben; er ließ Spaliere an den Wänden anbringen, die an der Südseite mit Weinreben, im Osten mit Geißblatt und im Westen und Norden mit Rosen bepflanzt wurden. Schon 1780 vermeldete der stolze Hausherr – damals lebte Goethe noch ganzjährig im Gartenhaus – in einem Brief an Charlotte von Stein: »Meine Rosen blühen bis unters Dach.«

Aber welche Rosensorte war das? Goethe kannte sie wohl aus seiner Frankfurter Heimat: die rosarote Tapetenrose oder *Rosa francofurtana*, eine der wenigen damals bekannten Kletterrosen. Schon 1601 berichtete der Gelehrte Carolus Clusius von der mannshohen »stachellosen Rose«, die er in den Gärten der Frankfurter Patrizier gesehen habe, und 1802 schwärmte Friedrich Justin Bertuch in seinem *Bilderbuch für Kinder*, man könne sie »vortrefflich zur Bekleidung von Wänden und Lauben gebrauchen« – wie eine Tapete.

Im 20. Jahrhundert gab es viel Rätselraten um die »echte« Tapetenrose; sie war verschollen, bis die Rosenkennerin Gerda Nissen sie in Norddeutschland wiederentdeckte. Heute wird sie von einer Rosenschule in Neuendorf vermehrt, und seit 1996 rankt wieder eine Tapetenrose an Goethes Gartenhaus empor. Wegen ihres dicken, zylinderförmigen Blütenkelchs – der den Holzkreiseln ähnelt, die Kinder einst mit der Peitsche vor sich hertrieben – wird diese Sorte auch Kreiselrose genannt. Noch besser hätte Goethe, der deftige Worte nicht scheute, ihr französischer Name gefallen: *Rose à gros cul* – »Rose mit dickem Hintern«.

SYNONYME
Kreiselrose,
Rosa francofurtana,
Rosa turbinata,
Rose à gros cul

BESCHREIBUNG
Goethes Gartenhaus-Rose in Weimar

GRUPPE
wohl Gallica-Rosen

HERKUNFT
unbekannt, vor 1583

BLÜTE
sommerblühend,
halbgefüllt,
dicke Blütenkelche,
stark duftend

FARBE
rosarot

WUCHS
ca. 200 cm hoch,
fast stachellose Kletterrose oder Strauch,
sehr winterhart

Weitere Kletterrosen

WEISS

Aimée Vibert · »Aimée«, Geliebte, hieß die Tochter des Rosenzüchters Vibert, der seine schönste Kletterrose nach ihr benannte; aus rosaroten Knospen öffnen sich ihre gefüllten cremeweißen Blüten in üppigen Büscheln bis in den Herbst (*200–400 cm, FR 1828*).

Madame Alfred Carrière · An langen, fast stachellosen Trieben bildet diese 2003 zur »Weltrose« gekürte Noisette-Rose auch im Halbschatten immer wieder große, locker gefüllte, duftende Blüten in rosa überhauchtem Weiß, die sich auch in der Vase gut halten (*300–500 cm, FR 1875*).

Rambling Rector · Riesige weiße Blütenrispen erscheinen im Sommer an dieser robusten, starkwüchsigen Rambler-Rose, die gerne an Bäumen emporklettert (*500–700 cm, GB vor 1911*).

GELB

Desprez à Fleurs Jaunes · Bis heute blühe keine Kletterrose so ausdauernd wie diese wärmeliebende, duftende alte Sorte mit großen Blüten in warmem Orangegelb, lobte Graham Stuart Thomas (*300–400 cm, FR 1828*).

Fuchsrose · Im 17. Jahrhundert hielt man diese knallgelbe, frühblühende Wildrose für eine Kreuzung aus Rose und Ginster; sie lässt sich als hoher Strauch oder kleine Kletterrose ziehen (*Syn. Rosa foetida, ca. 250 cm, Wildrose, Abb. S. 102/103*).

Ghislaine de Féligonde · Vom Sommer bis in den Herbst trägt diese fast stachellose Kletterrose üppige Büschel aus halbgefüllten, anfangs orangefarbenen, später vanillegelben Blüten (*ca. 300 cm, FR 1916*).

Mermaid · Riesige ungefüllte Blüten mit schwefelgelben Blütenblättern und goldenen Staubfäden erscheinen an dieser herrlichen, fast immergrünen Kletterrose bis in den November; ihre stacheligen Triebe brauchen allerdings viel Platz oder beherzten Schnitt (*400–800 cm, GB vor 1917*).

ROSA

Fantin Latour · Nach dem Blumenmaler Henri Fantin-Latour benannte, wahrhaft bildschöne Zentifolie mit duftenden, gefüllten hellrosa Blüten und fast stachellosen Trieben, lässt sich als sommerblühender Strauch oder kleine Kletterrose ziehen (*ca. 200 cm, vor 1938*).

Paul's Himalayan Musk · Die unzähligen, im Sommer erscheinenden Blüten dieser starkwüchsigen Rambler-Rose sind anfangs rosa, später weiß und duften, wie ihr Name verspricht, nach Moschus (*500–1000 cm, GB 1916*).

Rosa multiflora carnea · Bei ihrer Einführung 1804 war diese allererste Rambler-Rose in England eine Sensation; bis heute gilt sie mit ihren rosa-weißen sommerlichen Büscheln aus locker gefüllten Blüten als wahre Schönheit (*bis 600 cm, China vor 1804, Abb. S. 138/139)*.

Zéphirine Drouhin · Selbst an halbschattigen Plätzen öffnet diese fast stachellose Bourbon-Rose bis in den Herbst immer wieder ihre großen, gefüllten Blüten in strahlendem Pink (*200–300 cm, FR 1868*).

ROT

Crimson Rambler · Der starkwüchsige, leider etwas mehltauanfällige »karmesinrote Rambler« trägt im Juni und Juli dicke Büschel aus dunkelroten, locker gefüllten Blüten (*ca. 500 cm, Japan vor 1893*).

Gruß an Teplitz · In einem klassischen, samtigen Rosenrot blüht diese berühmte, im Jahr 2000 zur »Weltrose« gekürte Sorte bis in den Herbst; schön an Spalieren und Säulen (*ca. 180 cm, AT/HU 1897*).

VIOLETT

Russelliana · Eine der wenigen violetten Rambler-Rosen; sie trägt im Sommer große Dolden dicht gefüllter Blüten und im Herbst kleine, kugelrunde Hagebutten (*Syn. Himmelsauge, 300–500 cm, vor 1826*).

Veilchenblau · Unter den vielen Versuchen, »blaue« Rosen zu züchten, war diese sommerblühende Kletterrose, deren offene violett-weiße Blüten vor dem Verwelken bläulich anlaufen, einer der erfolgreichsten (*300–500 cm, DE 1909*).

Zigeunerknabe · Diese robuste, locker gefüllte Bourbon-Rose wächst als kleine Kletterrose oder überhängender Busch; nach der üppigen rotvioletten Sommerblüte trägt sie im Herbst prächtige Hagebutten (*Syn. Gipsy Boy, ca. 200 cm, AT/HU 1909*).

Garten- und Pflegetipps

HISTORISCHE ROSEN IM GARTEN

Die erfreuliche Nachricht vorab: Alte Rosen sind robust. Anders als moderne »Edelrosen« kommen viele historische Sorten – und die Wildrosen erst recht – ohne aufwendige Schnittmaßnahmen, Schädlingsbekämpfung oder Düngung aus. Auf alten Friedhöfen oder in verwilderten Gärten werden immer wieder Gallica-, Damaszener- oder Alba-Rosen gefunden, die ohne jede Pflege jahrzehnte- oder gar jahrhundertelang überlebt haben.

Um historische Rosen im eigenen Garten anzupflanzen, braucht man also weder lange Erfahrung noch besonders günstige klimatische Bedingungen. Der erste Schritt ist eine Bestandsaufnahme: Wo könnten Rosen hin? In ein gemischtes Beet, vielleicht mit Lavendel, Rosmarin und Frauenmantel als Begleitpflanzen? Als lockeres, insekten- und vogelfreundliches Gebüsch an die Grundstücksgrenze? Als Hochstämmchen entlang des Gartenwegs oder links und rechts neben die Haustür? Als Kletterrose an die Hausmauer, einen Rosenbogen, eine Pergola oder einen alten Baum? In einen großen Pflanzkübel auf die Terrasse oder den Balkon? Eine sehr befriedigende Sache ist es auch, ungewöhnlichere Rosenprojekte zu verwirklichen: einen kleinen Duftgarten, ein einfarbiges Rosenbeet in Weiß, Violett oder Rosa mit passenden Begleitstauden, einen mit Rosen überwölbter Wandelgang durch den Garten, eine altmodische Rosenlaube in einer lauschigen Ecke oder ein Stückchen Wildnis mit Blumenwiese und wilden Rosenbüschen. Die Möglichkeiten sind endlos – wer Anregungen braucht, kann sich in einem der vielen Rosengärten oder in den Schaugärten der Rosenschulen (Adressen ab S. 150) inspirieren lassen.

SORTENWAHL UND EINKAUF

Um unter Hunderten, wenn nicht Tausenden alter Rosen die richtige zu finden, gibt es zwei Wege: Der erste ist der unvernünftige, spontane des Sich-Verliebens. Man sieht eine Rose, will – nein: muss! – sie haben und überlegt erst hinterher, wo sie hinpassen könnte. (Meist findet sich dann auch ein Platz; mörderische Hitze mögen Rosen allerdings ebenso wenig wie nasse, schattige Standorte.) Der zweite ist der systematische, bei dem Listen und Kataloge und Gartenpläne eine Rolle spielen: Für welche Stellen kommen Rosen infrage? Wie groß dürfen die betreffenden Sorten werden? Wie frosthart oder schattentauglich sollten sie sein? Welche Farbe passt zum Pflanzplan und zur Umgebung?

In beiden Fällen helfen Rosenbücher wie dieses oder die Kataloge guter Rosenschulen weiter. Bei Letzteren sollte man auch einkaufen – vor Ort oder online: Spezialisten für historische Rosen verkaufen und versenden nicht nur eine Vielzahl alter Sorten und Wildrosen, sondern beraten auch bei der Sortenwahl.

ROSEN PFLANZEN

Die beste Zeit zum Einkaufen und Pflanzen ist der Spätherbst von Mitte Oktober bis Mitte November oder das zeitige Frühjahr. Rosen werden ohne Erde als »wurzelnackte« Pflanzen oder in Töpfen als sogenannte »Containerpflanzen« verkauft: Wurzelnackte Rosen sind günstiger und wachsen oft besser an; Containerpflanzen haben den Vorteil, dass man sie das ganze Jahr über setzen kann (außer in den heißesten Sommerwochen).

Rosen pflanzen ist nicht schwer: frisch gekaufte oder gelieferte Pflanzen auspacken und an einem schattigen Ort lagern, wurzelnackte Rosen einige Stunden in einen Eimer Wasser stellen. An der ausgewählten Stelle ein Pflanzloch ausheben, das ungefähr so groß ist wie ein 10-Liter-Eimer. Den Boden mit einer Gabel lockern und etwas mit Kompost vermischte Erde einfüllen. Bei wurzelnackten Rosen die Wurzeln auf circa 30 Zentimeter Länge kürzen, bei Containerrosen den Wurzelballen etwas lockern. So auf die eingefüllte Erde setzen, dass die »Veredelungsstelle«, an der Triebe und Wurzeln aufeinandertreffen, etwa 5 Zentimeter unter der Erdoberfläche liegt (ganz wichtig, damit die Rose gut anwurzelt!). Für »Stammrosen« – also Rosen, die auf einen Wildrosenstamm veredelt werden und hübsche Bäumchen ergeben – gräbt man einen Stab mit ein, an dem das Stämmchen – locker – festgebunden wird. Und Kletterrosen pflanzt man leicht schräg, sodass sie auf die Stütze oder Wand zuwachsen, an der sie emporranken sollen. Anschließend ringsum eine Mischung aus ausgehobener Erde und Kompost einfüllen, festtreten und gründlich wässern – fertig!

ROSEN SCHNEIDEN

Rosenschnitt ist kein Hexenwerk und längst nicht so kompliziert, wie er oft dargestellt wird – die einzige wichtige Unterscheidung ist die zwischen einmalblühenden und öfterblühenden Rosen: Einmalblühende alte Rosen werden erst *nach* der Blüte, also im Sommer zurückgeschnitten, weil sie nur am alten Holz blühen; im Frühjahr nimmt man allenfalls tote oder kranke Triebe heraus. Und selbst im Sommer ist ein Schnitt nur dann nötig, wenn der Strauch sonst zu groß oder unansehnlich würde: Man schneidet die Rose in Form und entfernt Verblühtes – oder man lässt sie einfach in Frieden ...

Öfterblühende Rosen wie Bourbon-, Remontant- und China-Rosen werden dagegen im zeitigen Frühjahr geschnitten, etwa um die Zeit der Forsythienblüte, damit sie möglichst kräftig austreiben. Eine Faustregel lautet, jeweils ungefähr ein Drittel der Trieblänge abzuschneiden; es darf aber auch mehr sein. Dabei nimmt man die Triebe bis auf ein nach außen weisendes »Auge« (einen Knospenansatz) zurück, wobei man sie etwa 5 Millimeter über dem Auge schräg kappt, damit das Wasser von der Knospe wegläuft. Nachdem die Rose geblüht hat, werden die alten Blüten entfernt, damit sich neue bilden können.

DIE FEINDE DER ROSE

Blattläuse und Spinnmilben, Rosenzikaden und Rollwespen, Mehltau, Rosenrost und Sternrußtau: Die Feinde der Rose sind zahlreich, und vor nicht allzu langer Zeit griff man bedenkenlos zur Giftspritze, um sie zu bekämpfen. Um die vorletzte Jahrhundertwende war Arsen als Spritzmittel gebräuchlich, und noch 1960 empfahlen Rosenbücher das hochgiftige, mittlerweile weltweit verbotene DDT, das »gefahrlos« verwendet werden könne.

Dabei ist Gift gar nicht nötig: Ein täglicher Rundgang durch den Garten genügt, und Spaß macht er auch noch. Dabei kneift man alle kranken, fleckigen oder eingerollten Blätter und Triebe ab, steckt sie ein und wirft sie später in den Müll (nicht auf den Kompost!). Abgefallene Blätter unter den Rosen werden ebenfalls aufgesammelt und weggeworfen. Blattläuse streift oder schnippt man vorsichtig ab; nur wenn es zu viele werden, kann man sie vorsichtig mit etwas Seifenlauge besprühen. Gegen Mehltau hilft frische Luft: Die Pflanzen ringsum werden zurückgeschnitten; falls das nicht hilft, sprüht man eine Lösung aus 2 Teelöffeln Natron oder Backpulver und einem Liter Wasser auf die befallenen Blätter, oder man verpflanzt die betreffende Rose an eine luftigere Stelle.

Außerdem ist es sinnvoll, Freunde der Rose anzulocken: Nistkästen, Insektenhotels, Totholzhaufen und Wasserflächen laden Vögel, Florfliegen und Marienkäfer in den Garten ein, die sich über Schadinsekten hermachen. Nicht zuletzt sollten Rosen gestärkt werden: Kompost, abgelagerter Pferdemist und Brennnesseljauche geben ihnen genügend Kraft, um mit Krankheiten und Fressfeinden fertigzuwerden. Das eine oder andere angenagte Blatt kann man dann entspannt als Gütesiegel eines naturnahen Gartens interpretieren.

ROSEN VERMEHREN

Anders als moderne Rosensorten – hinter deren Namen ein ® den Markenstatus anzeigt – dürfen (und sollten) alte Rosen nach Belieben vermehrt werden. Der herrliche Kletterer an Nachbars Regenrinne, die namenlose duftende Schönheit auf dem Friedhof, die kostbare Bourbon-Rose in Tante Hildes Garten: Sie alle kann man mit etwas Geschick als Stecklinge in den eigenen Garten holen (Tauschgeschäfte mit anderen Rosenfans sind hier übrigens eine wunderbare Sache).

Das geht so: Im Frühsommer schneidet man – bitte nicht ohne Erlaubnis der Rosenbesitzer – einen blühenden, etwa bleistiftdicken grünen Rosentrieb kurz unterhalb eines Blattes schräg ab und kürzt ihn oben auf etwa 15 bis 20 Zentimeter Länge (die Blüte kommt in die Vase); er sollte drei oder vier Augen haben. Bis auf das oberste werden alle Blätter entfernt. Der Steckling wird mit einer Rasierklinge am unteren Ende ein wenig eingeritzt, anschließend tunkt man dieses in Bewurzelungshormon – ein Pulver, das die Wurzelbildung fördert – und pflanzt es so in einen Blumentopf mit Anzuchterde, dass zwei Augen unter der Oberfläche liegen. An einen hellen, aber nicht sonnigen Ort stellen; eine darübergestülpte halbierte Plastikflasche sorgt für gleichmäßige Feuchtigkeit. Regelmäßig gießen und lüften. Wenn alles gut geht, ist zwei, drei Monate später eine bewurzelte kleine Rose entstanden.

Übrigens streiten die Fachleute hier über den wahren Weg. Manche empfehlen, an der Verzweigungsstelle des Stecklings einen kleinen »Henkel« vom Haupttrieb mit abzuschneiden, andere stellen ihre Stecklinge zum Bewurzeln in ein Wasserglas, wiederum andere schneiden sie erst im August oder gar im Spätherbst. Welche Methode Sie auch testen: Rechnen Sie damit, dass nicht alle Stecklinge anwachsen, und nehmen Sie immer mehrere auf einmal – so erhöhen Sie Ihre Chancen auf selbstgezogene Rosenschätze.

Rezepte mit Rosen

Duftende Delikatessen aus Rosen sind leicht herzustellen und wunderbar zu verschenken. Dabei gilt: Grundsätzlich sind alle Rosen essbar, allerdings schmecken bestimmte Sorten besonders gut. Damaszener-Rosen wie Quatre Saisons (S. 41), Rose de Resht (S. 45) oder Trigintipetala (S. 101) sind ideal für duftende Essenzen; morgens gepflückt duften sie am stärksten. Sie behalten auch getrocknet ihr Parfum und erfüllen als Potpourris Schränke, Räume oder sogar Autos mit ihrem herrlichen Duft. Die passend benannte »*Rosa conditorum*«, eine Gallica-Sorte, eignet sich hervorragend für Süßigkeiten und wird deshalb auch »Zuckerröslein« genannt. Ganz wichtig: Bitte nur unbehandelte Rosen und Hagebutten aus dem eigenen Garten oder aus Bioanbau verwenden!

Die einfachste Zutat für Rosenrezepte sind übrigens frische Blütenblätter (deren bittere, spitze weiße Basis man unbedingt abschneiden sollte) – in Salaten, in Drinks, in Eiswürfeln eingefroren oder ganz luxuriös im Badewasser.

ROSENSIRUP

Dunkle Rosen geben diesem Sirup eine besonders prächtige Farbe; er ist eine schöne Beigabe zu Desserts und Eisbechern und aromatisiert Getränke aller Art.

2 Handvoll Duftrosen-Blütenblätter
500 ml Wasser
500 g Zucker
Saft von 1 Zitrone

Das Wasser in einem Topf zum Kochen bringen, die gewaschenen Blütenblätter hineingeben und kurz mitkochen. Vom Herd nehmen und circa 15 Minuten mit Deckel ziehen lassen. Die Rosenblätter mit einem Schaumlöffel herausheben. Zucker und Zitronensaft zugeben, einige Minuten kochen lassen und in eine sterilisierte Flasche abfüllen. Rosensirup hält sich im Kühlschrank ein bis zwei Monate und ergibt einen wunderbaren **Rosen-Aperitif:** 1 Teil Rosensirup, 4 Teile Sekt (ggf. alkoholfrei) – und zur Dekoration ein paar frische Blütenblätter.

ROSENZUCKER

Eine poetische, dekorative Zugabe zu Tees oder Desserts – Rosenzucker gibt allen süßen Gerichten einen Hauch von Duftgarten.

1 Handvoll Rosenblütenblätter
150 g Streuzucker
½ Teelöffel Vanillezucker

Die entspitzten Blütenblätter an einer schattigen, luftigen Stelle zwei bis drei Tage trocknen lassen. Im Mörser mit der Hälfte des Zuckers fein zerstoßen, dabei einige Blätter als Dekoration beiseitelegen. Mit den restlichen Zutaten vermengen.

ROSENHONIG

Dieser herrliche Brotaufstrich wirkt auch als desinfizierendes Heilmittel bei Entzündungen von Lippen oder Mundhöhle.

2 Handvoll Rosenblütenblätter
500 g Imkerhonig

Die Blütenblätter waschen, trockentupfen und in ein heiß ausgespültes Einmachglas schichten, bis es zu drei Vierteln gefüllt ist. Den Honig vorsichtig über einem heißen Wasserbad flüssig werden lassen und darübergießen. Drei Wochen an einem warmen, sonnigen Ort ziehen lassen, dabei das Glas gelegentlich wenden. Danach durch ein Sieb in ein zweites Glas umfüllen. (Die honigfeuchten Blütenblätter aus dem Sieb kann man für ein luxuriöses Getränk mit heißem Schwarztee aufgießen.)

UKRAINISCHE ROSENMARMELADE

In der Ukraine rührt man gern ein Löffelchen dieser Marmelade in eine winterliche Tasse Tee – so erhellt der Duft des Sommers die dunklen Tage.

200 g Rosenblütenblätter
500 g Zucker
100 ml Wasser
Saft von ½ unbehandelten Zitrone

Die entspitzten Blütenblätter waschen und 15 Minuten zum Trocknen auf einem Geschirrtuch auslegen. In einen Kochtopf geben, mit der Hälfte des Zuckers bestreuen und 6 Stunden ziehen lassen. Danach das Wasser und den restlichen Zucker zugeben. Zum Kochen bringen, unter ständigem Rühren 5 Minuten köcheln lassen und den Herd abstellen. Nach 2 Stunden erneut erhitzen und unter Rühren weitere 5 Minuten kochen. Wieder 2 Stunden ziehen lassen. Die Farbe ändert sich nach jedem Kochdurchgang – und durch den Zitronensaft: Ein drittes Mal zum Kochen bringen, den Zitronensaft hinzufügen und diesmal 25 Minuten köcheln. In saubere Gläser abfüllen.

KANDIERTE ROSENBLÄTTER

In einem luftdicht verschlossenen Glas halten sich kandierte Rosenblätter mehrere Monate; sie sind eine ebenso schöne wie köstliche Dekoration für Kuchen und Desserts.

30 Duftrosen-Blütenblätter
3 Eiweiß
150 g feiner Streuzucker

Ein Blatt Backpapier auf einem Blech auslegen und mit der Hälfte des Zuckers bestreuen. Die Eiweiße schaumig, aber nicht ganz steif schlagen. Die entspitzten Blütenblätter einzeln mit einer Pinzette in den Eischnee tunken und auf das gezuckerte Backpapier legen. Mit dem restlichen Zucker bestreuen. Bei 50 °C Umluft im Ofen ca. 2 Stunden trocknen, bis die Rosenblätter hart und spröde sind.

ROSENESSIG

Dieser duftende Essig passt besonders gut zu zarten Blattsalaten; in Albanien trinkt man ihn mit Wasser verdünnt und leicht gesüßt als erfrischende Sommerlimonade.

2 Handvoll Duftrosen-Blütenblätter
500 ml Weißwein- oder Apfelessig

In einem Schraubglas die entspitzten Blütenblätter mit dem Essig übergießen und kurz schütteln; die Blätter sollten im Essig schwimmen. Zwei Wochen an einem warmen Ort ziehen lassen und einmal täglich schütteln. Danach in eine Flasche abseihen – fertig. Rosenessig hält sich ungefähr ein Jahr.

ROSENÖL

Reines ätherisches Rosenöl gehört zu den teuersten Duftessenzen der Welt, weil für einen Liter Rosenöl bis zu 5 Tonnen Blütenblätter benötigt werden. Preiswerter ist es, duftendes Rosenöl für die Hautpflege oder als Badezusatz selbst anzusetzen.

2 Handvoll Duftrosen-Blütenblätter
500 ml Mandel-, Sesam-, Sonnenblumen- oder Jojobaöl

Die Blütenblätter vor der Verarbeitung einige Stunden antrocknen lassen, das mindert die Schimmelgefahr. In ein Einmachglas füllen. Das Öl in einem Topf erwärmen, über die Rosenblätter gießen und gut umrühren. Abgedeckt an einem durchgehend warmen Ort etwa zwei Wochen ziehen lassen, dann durch ein Tuch abseihen und in dunkle Glasflaschen abfüllen.

Anhang

Vergängliche Schönheit für die Ewigkeit – gedruckte Rosen

Ob in Büchern und Kalendern, auf Briefpapier oder Notizblöcken – hat man die berühmten Rosenbilder Pierre-Joseph Redoutés erst einmal entdeckt, findet man sie überall. Sie sind außergewöhnlich, filigran und anmutig in der Darstellung, dabei werden die Pflanzen präzise und detailgetreu wiedergegeben. Der Gebrauch der Farben erzeugt ein plastisches Erscheinungsbild, sie sind zart und gesättigt zugleich. Woher stammen diese Rosenporträts und was ist über den Maler bekannt? Wo tauchen weitere gedruckte Rosenabbildungen auf? Und vor allem ist zu fragen: Worin liegt das Geheimnis dieser bezaubernden Rosenbilder?

Pierre-Joseph Redouté (1759–1840) wurde mit seinen Blumenbildern, die er als botanischer Zeichner und Hofmaler für Kaiserin Joséphine, der zu diesem Zeitpunkt geschiedenen Frau von Napoleon Bonaparte, angefertigt hatte, auch als »Raphael der Blumen« bekannt. Joséphine ließ insbesondere den Park von Malmaison als botanischen Garten, Menagerie und Rosarium ausbauen. Die dort wachsenden Pflanzen, nicht nur Rosen, sondern auch andere exotische Pflanzenarten, porträtierte Redouté für die kaiserlichen Sammlungen und publizierte sie in reich illustrierten Foliobänden sowie in dem großformatigen dreibändigen Werk *Les Roses*, das zwischen 1817 und 1824 in Einzellieferungen erschien. Es enthält insgesamt 170 Kupfertafeln, auf denen jeweils eine Rosensorte gezeigt wird. Die habituelle Darstellung umfasst Stängel, Blätter und Blüten und in separaten sogenannten »Analysen« die Blütenteile oder Früchte, ergänzt durch die Bezeichnung der Rose in lateinischer und französischer Sprache. Auf jede Bildtafel folgt auf gesonderten Textblättern die wissenschaftliche Beschreibung der Art, die von dem Botaniker Claude-Antoine Thory angefertigt worden ist. Es handelt sich somit um ein wissenschaftliches Werk über Rosen, das aber in außergewöhnlicher Weise illustriert worden ist.

Die Ausbildung Redoutés, die sowohl Malen und Zeichnen als auch Botanik einschloss, schuf die Voraussetzungen für diese biologisch exakten und künstlerisch anspruchsvollen Bilder. Die Kupferstiche sind aufgrund der ungewöhnlichen Punktstichmanier, bei der kleinste Vertiefungen unterschiedlicher Stärke in die Kupferplatte gedrückt werden, und dem sehr aufwändigen und daher selten angewandten Einplattenfarbdruck einzigartig. Für jeden Druckvorgang wurde die Kupferplatte von Hand mit den verschiedenen Pigmenten eingefärbt und nach dem Druck das Motiv durch manuelle Nachkolorierung von botanischen Details bearbeitet. Aber nicht nur die Drucktechnik machte Redoutés Rosen so einzigartig. Die Schönheit der abgebildeten Pflanzen ist vor allem auch das Resultat einer Zusammenstellung aller artspezifischen botanischen Eigenschaften im Ergebnis der wissenschaftlichen Untersuchung, die im Bild auf künstlerische Weise betont oder abgeschwächt werden können. Als Konstrukt zeigen die Tafeln die Summe aller idealen Eigenschaften der jeweiligen Rosenart. Sie besitzen damit auch einen wissenschaftlichen Wert als Illustrationen, die für Botaniker zur Bestimmung der Arten und Sorten nutzbar sind. Unter Umständen kann sogar die Abbildung selbst als einziger Nachweis der Art fungieren. Im Einklang von wissenschaftlichem Anspruch und herausragender ästhetischer Qualität unterscheiden sich Redoutés Rosendarstellungen von anderen botanischen Abbildungswerken, wodurch sie selbst Berühmtheit als eigenständige Kunstwerke erlangen konnten.

Die Herstellung von Kupferstichen und die Kolorierung jeder einzelnen Tafel machte diese Drucktechnik allerdings aufwändig und teuer. Die Lithografie, die zum Beispiel für die Motive auf den Seiten 36, 38, 46, 76 und 120 zur Anwendung kam, bot vielfältige Möglichkeiten und erreichte im Verlauf des 19. Jahrhunderts eine weite Verbreitung in illustrierten Druckwerken. Das Motiv wird hier mit spezieller fett- und wachshaltiger Farbe auf einen sogenannten Lithografiestein aufgebracht, der anschließend ein Ätzverfahren durchläuft. Erst danach kann der Stein zum Druck verwendet werden. Er erlaubte im Unterschied zum Kupferstich eine größere Anzahl an Abdrucken und bot zudem eine einfachere Möglichkeit zum Farbdruck. Für eine mehrfarbige Chromolithografie war jedoch für jede zu druckende Farbe ein eigener Stein und ein separater Druckvorgang notwendig.

Rosenabbildungen finden sich bereits in den frühen Kräuterbüchern des 16. Jahrhunderts, wie zum Beispiel bei Leonard Fuchs 1542 oder Hieronymus Bock 1546. Hier wird die medizinische Wirkung und Verwendung der Rose und ihrer Bestandteile ausführlich erläutert. Bei den darin enthaltenen Rosenabbildungen handelt es sich um Holzschnitte, für die das Motiv als Negativ in eine Holzplatte geschnitten worden ist, so dass die erhabenen Teile der Holzplatte eingefärbt und das Motiv als Positiv auf das Papier gedruckt werden konnte. Den Autoren des 16. Jahrhunderts ging es dabei weniger um die Schönheit der dargestellten Rosensorten, sondern um eine visuelle Ergänzung der im Text enthaltenen Informationen. Schon in diesen Kräuterbüchern wurden die Rosen nach »wild wachsenden Heckenrosen« und »zahmen Gartenrosen« unterschieden, wobei die Erläuterung der Wirkung und Verarbeitung der Pflanzenteile sowie deren medizinische Verwendung im Vordergrund standen.

Auch 200 Jahre später wurde der medizinische Nutzen von Rosen in vielen Büchern hervorgehoben. So finden wir die *Rosa canina* – die Hundsrose – zum Beispiel in dem Werk *Botanica Pharmaceutica* von Andreas Friedrich Happe (S. 114), das sich in erster Linie an Mediziner wendete. Die Wirkstoffe zahlreicher Arzneien und Heilmittel in dieser Zeit stammten aus Pflanzen, und die Kenntnis der Pflanzenarten und deren Heilwirkung gehörte zur Grundausbildung eines jeden Mediziners. So verwundert es nicht, dass etliche inzwischen sehr geläufige Pflanzen erstmals in solchen pharmazeutischen Werken Erwähnung finden. Die Verbindung zwischen Pflanzenkenntnis und medizinischem Gebrauch offenbart sich beispielsweise bei der sogenannten »Apothekerrose«, die zu den ältesten bekannten Rosenarten gehört, aber ihren wissenschaftlichen Namen erst von Thory und mit der auf Seite 18 gezeigten Abbildung von Redouté im Jahre 1818 erhielt. Er lautet *Rosa gallica officinalis*, wobei der Zusatz *»officinalis«* auf die medizinische Verwendung hindeutet. Die Hundsrose gehört ebenfalls zu den Rosenarten, die seit Langem in der Medizin eingesetzt werden und die allein aus diesem Grund Eingang in botanische Werke gefunden haben. Diese Tatsache verweist auf den Ursprung der Botanik als wissenschaftliche Disziplin in der Medizin und spiegelt sich in zahlreichen botanisch-pharmazeutischen Schriften aus dem 16. bis 19. Jahrhundert.

Vor allem mit dem Aufkommen der Rosenzucht in Frankreich im Verlauf des 18. und der Einführung neuer Rosensorten aus Asien Mitte des 19. Jahrhunderts wurden Rosen zunehmend unter dem gärtnerischen Aspekt behandelt und Züchtungen neuer Rosensorten unter anderem in der Ratgeberliteratur oder in Zeitschriften für den Gartenbau der Öffentlichkeit bekannt gemacht. Die Erforschung der wildwachsenden Rosenarten als Teil der wissenschaftlichen Botanik gewann insbesondere durch den Rhodologen François Crépin an Bedeutung. Der in Brüssel tätige Botaniker beschäftigte sich Ende des 19. Jahrhunderts intensiv mit der Erforschung der natürlich vorkommenden Rosen und hinterließ ein umfangreiches Spezialherbarium, das auch noch heute für die botanische Erforschung von Rosenarten und deren Systematik unerlässlich ist.

Dass Rosen – in Vergangenheit und Gegenwart – mehr als reine Zierde sind, zeigt sich auch in ihrer komplexen Symbolik, die von Schönheit und Vergänglichkeit über Liebe und Leid bis hin zu Leben und Tod reicht. Diese Extreme werden in erster Linie von den Eigenschaften der alten Rosensorten gespeist, die wir bereits in den Kräuterbüchern des 16. Jahrhunderts finden, deren Geschichte aber freilich viel weiter zurückreicht. Die mal schlichten, mal kunstvollen Abbildungen in gedruckten Büchern können die Schönheit der kurzlebigen Rosenblüten der Vergänglichkeit entziehen und sie so für die Ewigkeit bewahren.

Dr. Katrin Böhme
Abteilung Handschriften und Historische Drucke
Staatsbibliothek zu Berlin

Quellennachweis

6 Christian Morgenstern: »Von den heimlichen Rosen«, in: ders.: *Gedichte – Verse – Sprüche*, Limassol 1998, S. 422; HelpMeFind.com: »Roses«, https://www.helpmefind.com/rose; Rainer Maria Rilke: »Die Sonette an Orpheus«, in: ders.: *Gedichte*, Stuttgart 1997, S. 218 | **7** Brent C. Dickerson: *The Old Rose Adventurer*, Portland 1999, S. 74; Alma de l'Aigle: *Begegnungen mit Rosen*, Moos 1977, Erstauflage 1957, S. 13; Gisèle de la Roche: »Commentaires – étude des roses citées dans l'ouvrage«, in: dies./Gordon D. Rowley (Hg.): *Commentaires sur Les Roses de P. J. Redouté*, Antwerpen 1978, S. 143–330; Hieronymus Bock: *Kreuterbuch*, Strassburg 1560, S. 365 | **8** A. Kellner et al.: »Leaf Architecture of Extant Species of *Rosa* L. and the Paleogene Species *Rosa lignitum* Heer (Rosaceae)«, in: *International Journal of Plant Sciences* 3/2012, S. 239 ff.; Liberty H. Bailey: *Standard Cyclopedia of Horticulture*, Bd. 3, New York 1935, S. 2981; Royal Botanic Gardens Kew/Plants of the World Online: »*Rosa* L.«, https://powo.science.kew.org/taxon/urn:lsid:ipni.org:names:30002432-2 | **9** Elena Cassin et al. (Hg.): *Die Altorientalischen Reiche I*, Frankfurt 1998, S. 100 ff.; Homer: *Odyssee*, übers. v. Johann Heinrich Voß, München 1960, S. 136; Gerd Heinz-Mohr/Volker Sommer: *Die Rose. Entfaltung eines Symbols*, München 1988, S. 12 ff. u. 30 ff.; Theophrast: *Naturgeschichte der Gewächse*, übers. v. K. Sprengel, Altona 1822, S. 231; Sueton: *Kaiserbiographien*, übers. v. Adolf Stahr, Stuttgart 1857, S. 349 ff.; Theodor Nietner: *Die Rose. Ihre Geschichte, Arten, Kultur und Verwendung*, Berlin 1880, S. 7 | **10** Reinhard Schneider: *Kapitularien*, Göttingen 1968, S. 27; Leonhart Fuchs: *New Kreüterbuch*, Basel 1543, Kap. 255; Heinz-Mohr/Sommer: *Die Rose*, 1988, S. 118 ff. | **11** Bernard u. Stéphane Clavreuil: *Pierre-Joseph Redouté. Le Raphaël Des Fleurs*, Paris 2008, S. 6 ff.; Joséphine Bonaparte/Pierre-Joseph Redouté: *Die Rosen der Kaiserin Joséphine*, München 1984, S. 100 ff. | Nietner: *Die Rose*, 1880, Anhang; Jean-Pierre Vibert: *Essai sur les roses*, Paris 1824, S. 26 f. u. 58 | **12** Wilhelm Kordes: *Das Rosenbuch*, Holzminden 1951, S. 11 f.; de l'Aigle: *Begegnungen mit Rosen*, 1977, S. 5 | **14/15** Graham Stuart Thomas: *The Graham Stuart Thomas Rose Book*, Portland 1994, S. 78 ff.; Anny Jacob/Hedi u. Wernt Grimm/Bruno Müller: *Alte Rosen und Wildrosen*, Stuttgart 1990, S. 95 ff. | **19** Hieronymus Bock: *Kräutterbuch*, Straßburg 1630, S. 776 f.; Nicholas Culpeper: *Complete Herbal*, 1652, Reprint London 1992, S. 242; Philipp Schopf: *De Peste. Ein kurtz methodisch Tractätlein*, Heidelberg 1583, S. 25 | **21** Welt der Rosen: »Rosenzüchter Ulrich Brunner Fils«, https://www.welt-der-rosen.de/zuechter/brunner.html; Rosenschule Schultheis: »Neue Rosen«, in: *Rosen-Zeitung* 6/1886, S. 87; Peter Harkness: *Rosen. Die schönsten Illustrationen der Royal Horticultural Society*, Köln 2003, S. 240 | **23** Harkness: *Rosen*, 2003, S. 157; Thomas: *The Graham Stuart Thomas Rose Book*, 1994, S. 40 | **25** Darrell g.h. Schramm: »Bread, equality, and roses«, in: *Rose Letter of The Heritage Roses Group*, Nov. 2012, S. 3 f.; Nietner: *Die Rose*, 1880, Anhang; Brent C. Dickerson: *The Old Rose Advisor*, Portland 1992, S. 21 | **27** Gertrude Jekyll: *Roses for English Gardens*, London 1902, S. 23; Thomas: *The Graham Stuart Rose Book*, 1994, S. 111; Page Dickey: »Rosa pimpinellifolia ›Double White‹«, in: Wayne Winterrowd (Hg.): *Roses. A Celebration*, New York 2003, S. 130 f. | **29** Vergil: *Landbau*, übers. v. Johann Heinrich Voß, Hamburg 2021, S. 101; Johann Gottlieb Seume: *Spaziergang nach Syrakus im Jahre 1802*, 2. Teil, Leipzig 1817, S. 292; Rebecca Stott: *The Duchess of Curiosities*, Welbeck 2019, S. 46 f.; Henry Cranke Andrews: *Roses, or A Monograph of The Genus Rosa*, Bd. 2, London 1805, »Rosa Portlandia«; Sally Festing: *The Second Duchess of Portland and Her Rose*, in: *Garden History* 2/1986, S. 196 ff. | **31** Vita Sackville-West: *Mein Garten*, übers. v. Gabriele Haefs, München 2001, S. 234 ff.; Francis Parkman: *The Book of Roses*, Boston 1866, S. 189; Gebrüder Schultheis: *Deutsches Rosenbuch*, Lübeck 1889, Reprint Hamburg 1979, S. 174 | **33** Harkness: *Rosen*, 2003, S. 261; o. V.: »In Bloom from May till Christmas«, in: *The Bystander*, 24.10.1906, S. 185; Rose Kingsley: *Roses and Rose Growing*, London/New York 1908, S. 125 f.; David Austin: *Alte Rosen & Englische Rosen*, Köln 1993, S. 73 | **35** Randy Fink: *Auguste Viktoria. Die letzte* *deutsche Kaiserin*, Wiesbaden 2021, S. 11; Lambert & Reiter: »Die neueste Thee-Hybride ›Kaiserin Auguste Viktoria‹«, in: *Rosen-Zeitung* 2/1891, S. 17; »Kaiserin Auguste Viktoria«, in: *Rosen-Zeitung* 1/1893, S. 12; »Kaiserin Auguste Viktoria«, in: *Rosen-Zeitung* 4/1897, S. 74; de l'Aigle: *Begegnungen mit Rosen*, 1977, S. 70 | **37** Harkness: *Rosen*, 2003, S. 239; Guillot: »La France«, https://www.roses-guillot.com/creations-guillot-2228/rosiers-anciens-guillot-2234/327-rosier-la-france.html; »Rose La France«, in: *Journal des Roses* 3/1879, S. 41; »Rosa hybrida bifera ›La France‹«, in: *Illustrirter Rosengarten* 1877, Taf. 1; H. R. Glatz: »La France«, in: *Rosen-Zeitung* 5/1890, S. 69; Friedrich Schneider: *Rangliste der edelsten Rosen*, Berlin 1883, S. 4 ff.; Robert Betten: *Die Rose, ihre Anzucht und Pflege*, Frankfurt a. O. 1922, S. 137; de l'Aigle: *Begegnungen mit Rosen*, 1977, S. 6 u. 24 | **39** De l'Aigle: *Begegnungen mit Rosen*, 1977, S. 311 f.; Dietrich Wössner: *Gartenrosen*, Stuttgart 1978, S. 186; Paul Bernhard: »Ist Niphetos nur eine Treibhausrose?«, in: *Rosen-Zeitung* 5/1890, S. 71; Dickerson: *The Old Rose Advisor*, 1992, S. 47 | **41** Jacob/Grimm/Grimm/Müller: *Alte Rosen und Wildrosen*, 1990, S. 54; E. A. Carrière: »Le Rosier des Quatres-Saisons«, in: *Journal des Roses* 4/1885, S. 56; C. C. Hurst: »Notes on the Origin and Evolution of our Garden Roses«, in: Thomas (Hg.): *The Graham Stuart Thomas Rose Book*, 1994, S. 303 f.; Robert Calkin: »The Fragrance of Old Roses«, in: *Historic Rose Journal* Frühjahr 1999 | **43** Pierre-Joseph Redouté/Claude-Antoine Thory: *Les roses*, Bd. 1, Paris 1817, S. 28; John Lindley, zit. in Joseph Dalton Hooker: »Rosa berberifolia«, in: *Curtis's Botanical Magazine*, Bd. 46, 1890, Taf. 7096; Harkness: *Rosen*, 2003, S. 62 f.; Thomas Rivers: *The Rose Amateur's Guide*, London 1837, S. 87 f.; Kathrin Hofmeister: »Persische Rosen. Die Neuen aus dem Orient«, in: *Mein Schöner Garten*, 23.10.2017 | **44** De l'Aigle: *Begegnungen mit Rosen*, 1977, S. 47 ff.; Henry Curtis: »Die verschiedenen Geruchsarten der Rosen«, in: Matthias Lebl: *Illustrirter Rosengarten für Rosenfreunde und Rosengärtner*, Stuttgart 1879, S. 27; Raoul Blondel: *Les produits odorants des rosiers*, Paris 1889, S. 32; Calkin: »The Fragrance of Old Roses«, 1999; Plinius d. Ä.: *Naturgeschichte*, übers. v. Johann Daniel Denso, Bd. 2, Rostock/Greifswald 1756, S. 228 | **45** Graham Stuart Thomas: *Cuttings from my Garden Notebooks*, Portland 1997, S. 143 u. 147; Jacob/Grimm/Grimm/Müller: *Alte Rosen und Wildrosen*, 1990, S. 102; Carl Haussknecht: Notiz Juni 1868, Sammlung Herbarium Haussknecht, Universität Jena, https://images.shoutwiki.com/roses/0/0a/JE00024657-w-3.jpg; Gerda Nissen: *Alte Rosen*, Heide 1984, S. 46 | **47** Victor Paquet: *Choix des plus belles roses*, Paris 1855, S. 40; Hippolyte Jamain/Eugène Forney: *Les roses*, Paris 1873, S. 59; Rivers: *The Rose Amateur's Guide*, 1837, S. 56 f.; de l'Aigle: *Begegnungen mit Rosen*, 1977, S. 230 | **49** Marlise Fertig: »The finding of ›Rosa rouletii‹«, in: *Newsletter of the World Federation of Rose Societies Heritage Rose Group* Nov. 2013, S. 8 ff.; Kordes: *Das Rosenbuch*, 1951, S. 145; Jacob/Grimm/Grimm/Müller: *Alte Rosen und Wildrosen*, 1990, S. 122 | **51** H. Glücksmann: »Die Schlossfrau von Malmaison«, in: *Rosen-Zeitung* 5/1896, S. 82; Nissen: *Alte Rosen*, 1984, S. 20; Samuel Parsons: *The Rose*, New York 1847, S. 40; Jamain/Forney: *Les roses*, 1873, S. 190; Nietner: *Die Rose*, 1880, Anhang S. 124; Dickerson: *The Old Rose Advisor*, 1992, S. 103; Graham Stuart Thomas: »Souvenir de St. Anne's«, in: Winterrowd (Hg.): *Roses*, 2003, S. 23 | **53** John Gerard: *The Herball, or, Generall historie of plantes*, London 1597, S. 1085; Theodor Zwinger: *Kräuter-Buch*, Basel 1696, S. 237; »Rosa gallica ›Tuscany Rose‹«, in: *Botanical Register* 1820, S. 448; Vita Sackville-West: *In your Garten & In Your Garden Again*, London 2010, S. 132 f.; Friedrich Justin Bertuch: *Bilderbuch für Kinder*, Bd. 4, Weimar 1802, Nr. 45 | **55** Nietner: *Die Rose*, 1880, Anhang; Carolus Clusius: *Rariorum plantarum historia*, Antwerpen 1601, S. 114; Redouté/Thory: *Les roses*, Bd. 1, 1817, S. 136; Hurst: »Notes on the Origin and Evolution of our Garden Roses«, 1994, S. 300 | Nissen: *Alte Rosen*, 1984, S. 78 | **61** J. Gouget-Raverat: »La Rose et son ennemi le Phragmide«, in: *Les Amis des Roses* 1/1959, S. 5 | **62** C. Nickels: *Cultur, Benennung und Beschreibung der Rosen*, 2. Heft, Pressburg 1836, S. 19; Gebrüder Schultheis: *Deutsches Rosenbuch*, 1889/1979, S. 86; Brigitte Wachsmuth: »Eine Farbenordnung für Rosen«, in: *Zandera* 1/2015, S. 24 ff.; Peter Beales: »Singing the Blues«, in: *Historic Rose Journal* Herbst 1998; Thomas: *The Graham Stuart Rose Book*, 1994, S. 57 f.; o. V.: »Blaue Rosen aus Japan«, in: *taz*, 18.2.2008, S. 18 | **63** Henry County Historical Society & Museum: »Roots of the Rose City«, 2014, https://henrycountymuseum.org/roots-of-the-rose-city/; Georgia Torrey Drennan: *Everblooming Roses*, New York 1912, S. 45; Fr. Harms: »American Beauty oder wie ältere Schönheiten verjüngt werden«, in: *Rosen-Zeitung* 4/1887, S. 54 | **65** Christopher Lloyd: »Roses at Great Dixter«, in: Winterrowd (Hg.): *Roses*, 2003,

S. 85; »Rosa Kamtschatika var. Blanc Double de Coubert«, in: *Journal des Roses* 2/1897, S. 23; Jekyll: *Roses for English Gardens*, 1902, S. 8; The Conard-Pyle Company: *Star Roses*, Katalog, West Grove 1931, S. 39 | **67** Jamain/Forney: *Les roses*, 1873, S. 57; P.-Ph. Petit-Coq: »Rosa centifolia ›Cristata‹«, in: *Journal des Roses* 4/1885, S. 57; Peter Lambert: »Rosa centifolia: Cristata«, in: *Rosen-Zeitung* 4/1896, S. 61; de l'Aigle: *Begegnungen mit Rosen*, 1977, S. 227; William Paul: *The Rose Garden*, London 1848, S. 27; Rivers: *The Rose Amateur's Guide*, 1837, S. 7 | **69** De l'Aigle: *Begegnungen mit Rosen*, 1977, S. 24; Peter Lambert: »Frau Karl Druschki (Schneekönigin)«, in: *Rosen-Zeitung* 5/1902, S. 81; Wilhelm Mütze: *Rosen und Sommerblumen*, Leipzig 1910, S. 70; Austin: *Alte Rosen & Englische Rosen*, 1993, S. 99; Thomas Christopher: *In Search of Lost Roses*, Chicago 1989, S. 81 f.; »Karl Druschki«, in: *Görlitzer Stadtbild* Feb. 2003, S. 8 | **71** Harkness: *Rosen*, 2003, S. 53 u. 88; Thomas: *The Graham Stuart Rose Book*, 1994, S. 101; H. Schwind/K. Gemen: *Rosenbüchlein*, Stuttgart 1912, S. 57 f. | **72** Gebrüder Schultheis: »Grace Darling«, in: *Rosen-Zeitung* 3/1887, S. 35; Plinius d. Ä.: *Naturgeschichte*, Bd. 2, 1756, S. 223 f.; Jacob/Grimm/Grimm/Müller: *Alte Rosen und Wildrosen*, 1990, S. 35; Redouté/Thory: *Les roses*, Bd. 1, 1817, S. 76 | **73** George Booth: *Sieg der Rose ›Königin von Dännemark‹ durch Enthüllung der Anschläge des Professors J. G. C. Lehmann*, Paris 1834, S. 5 ff.; Klaus Hackländer: »James Booth & Söhne und die Rose ›Königin von Dänemark‹«, in: *Rosenjahrbuch* 1993, S. 119; Thomas: *The Graham Stuart Rose Book*, 1994, S. 50; Rivers: *The Rose Amateur's Guide*, 1837, S. 31; The National Archives: »Currency converter: 1270–2017«, https://www.nationalarchives.gov.uk/currency-converter/ | **75** Samuel Reynolds Hole: *A Book about Roses*, Edinburgh/London 1870, S. 184; Rivers: *The Rose Amateur's Guide*, 1837, S. 48; Paul: *The Rose Garden*, 1848, S. 15; Michael Pollan: *Meine zweite Natur*, München 2014, S. 123 ff. u. 134 ff. | **77** »Madame Pierre Oger«, in: *Rosen-Zeitung* 6/1889, S. 81; Dickerson: *The Old Rose Advisor*, 1992, S. 101 | **79** »L'étrange destin de la jeune Aimée Dubucq de Rivery«, in: *La France Pittoresque* 21/2007, S. 22; Harkness: *Rosen*, 2003, S. 168 | **81** Vita Sackville-West: *More For Your Garden*, London 1955, S. 106; HelpMeFind.com: »Member Favorite«, https://www.helpmefind.com/rose/favorites.php; Peter Beales: »Great Maiden's Blush«, in: Winterrowd (Hg.): *Roses*, 2003, S. 15 ff. | **83** Alan Priest: *Aspects of Chinese Painting*, New York 1954, S. 8; The Metropolitan Museum of Art: »Yellow Roses and Bees, Pink Roses and Wasps«, https://www.metmuseum.org/art/collection/search/51637; Redouté/Thory: *Les roses*, Bd. 1, 1817, S. 51; Christopher: *In Search of Lost Roses*, 1989, S. 66; Dickerson: *The Old Rose Advisor*, 1992, S. 33; Thomas: *The Graham Stuart Rose Book*, 1994, S. 124 | **85** Redouté/Thory: *Les roses*, Bd. 1, 1817, S. 32; Thomas: *The Graham Stuart Rose Book*, 1994, S. 82; Sackville-West: *In Your Garden and In Your Garden Again*, 2010, S. 168; de l'Aigle: *Begegnungen mit Rosen*, 1977, S. 243 | **87** »Die Moos-Rose«, in: *Nestel's Rosengarten* 1/1868, S. 10; Betten: *Die Rose, ihre Anzucht und Pflege*, 1922, S. 167; de l'Aigle: *Begegnungen mit Rosen*, 1977, S. 226 f.; Thomas: *The Graham Stuart Rose Book*, 1994, S. 60 | **89** Kingsley: *Roses and Rose Growing*, 1908, S. 45; Dan Hinckley: »Rosa rugosa«, in: Winterrowd (Hg.): *Roses*, 2003, S. 223; de l'Aigle: *Begegnungen mit Rosen*, 1977, S. 215 | **91** Plinius d. Ä.: *Naturgeschichte*, Bd. 3, übers. v. G. C. Wittstein, Leipzig 1881, S. 76 f.; Rivers: *The Rose Amateur's Guide*, 1837, S. 7 | **93** John Evelyn: *Fumifugium or: The Inconvenience of the Aer and Smoak of London Dissipated*, London 1661, S. 14; William Shakespeare: *Ein Sommernachtstraum*, übers. v. August von Schlegel, in: ders.: *Shakespeares Werke*, Bd. 6, Leipzig: Hesse & Becker o. J., S. 99; John Keats: »Endymion«, in: *Werke und Briefe*, übers. v. Mirko Bonné, Stuttgart 1995, S. 180; Andrews: *Roses, or A Monograph of The Genus Rosa*, Bd. 2, 1828, Taf. 109; Rivers: *The Rose Amateur's Guide*, 1837, S. 52; Lloyd: »Roses at Great Dixter«, 2003, S. 88 | **95** American Rose Society: *The Rose*, New York 2000, S. 24; Petra-Andrea Hinz: »Redouté und die Kultur der Rose«, in: Pierre-Joseph Redouté: *The Roses*, Köln 1999, S. 44; Bock: *Kreuterbuch*, 1560, S. 365; Rivers: *The Rose Amateur's Guide*, 1837, S. 44; Jekyll: *Roses for English Gardens*, 1902, S. 16 | **97** Lora-Marie Bernard: *The Yellow Rose of Texas. The Song, the Legend and Emily D. West*, Charleston 2019, Kap. 4; Lauren Springer: »›Mister Lincoln‹ and ›Harison's Yellow‹«, in: Winterrowd (Hg.): *Roses*, 2003, S. 60; Christopher: *In Search of Lost Roses*, 1989, S. 15 | **99** William Shakespeare: *König Heinrich VI., Erster Teil*, übers. v. A. W. von Schlegel, in: ders.: *Shakespeares Werke*, Bd. 4, Leipzig o. J., S. 32; Thomas: *The Graham Stuart Rose Book*, 1994, S. 43; John Parkinson: *Paridisi In Sole Paradisus Terristris Or, A Garden of All Sorts of Pleasant Flowers*, London 1629, S. 414 | **100** Thomas: *The Graham Stuart Rose Book*, 1994, S. 61; Ellen Willmott: *The Genus Rosa*,

London 1910, S. 253 | **105** Guinness World Records: »Largest rose bush«, https://www.guinnessworldrecords.com/world-records/66507-largest-rose-bush; Rose Tree Museum: »The World's Largest Rose Tree«, https://tombstonerosetree.com/worlds-largest-rose-tree/; Harkness: *Rosen*, 2003, S. 148; Jekyll: *Roses for English Gardens*, 1902, S. 77 ff.; Karl Selbstherr: *Die Rosen: in fünfundzwanzig Gruppen und fünfundneunzig Arten*, Breslau 1832, S. 37 | **107** Rudolph Noack: »Die verschiedenen Arten der Rose«, in: Achenbach/Noack/Gernet: *Über Geschichte, Vaterland und Verbreitung der Rose*, Darmstadt 1870, S. 21; »Chinesische Schlingrose«, in: *Nestel's Rosengarten* 1/1866, S. 24; Christopher: *In Search of Lost Roses*, 1989, S. 150; Sigmund Goldmann: »Glazenwood und double yellow«, in: *Rosen-Zeitung* 4/1896, S. 72 | **109** Amrita Chakrabarti Myers: *Forging Freedom. Black Women and the Pursuit of Liberty in Antebellum Charleston*, Chapel Hill 2011, S. 62 f.; Dickerson: *The Old Rose Advisor*, 1992, S. 202 ff.; Thomas: *The Graham Stuart Rose Book*, 1994, S. 154 | **111** Albert Christian Sellner: *Immerwährender Heiligenkalender*, Frankfurt a. M. 1993, S. 88 f.; P.-Ph. Petit-Coq: »Rosa sempervirens – Variété Félicité Perpétue«, in: *Journal des Roses* 4/1884, S. 56; »Felicité Perpétue«, in: *Rosen-Zeitung* 6/1890, S. 81 | **113** John C. Wister: »A Visit to the Home of the Gloire de Dijon Rose«, in: *American Rose Annual* 1920, S. 20 ff.; »Die Rosenabstimmung pro 1888–89«, in: *Rosen-Zeitung* 5/1889, S. 70; Hole: *A Book about Roses*, 1870, S. 128 | **115** Mariendom Hildesheim: »Der tausendjährige Rosenstock in Hildesheim«, https://www.dom-hildesheim.de/de/tausendjaehriger-rosenstock-hildesheim; Harkness: *Rosen*, 2003, S. 46; de l'Aigle: *Begegnungen mit Rosen*, 1977, S. 244; NaturaDB: »Hundsrose«, https://www.naturadb.de/pflanzen/rosa-canina/?thema=37#oekologischer_wert | **117** Peter Scott: »Call me Madame«, in: *Historic Rose Journal* Herbst 2006, S. 8 f.; Harkness: *Rosen*, 2003, S. 262; Vita Sackville-West: *Even More For Your Garden*, London 1958, S. 129; Thomas: *The Graham Stuart Rose Book*, 1994, S. 131 | **119** Ernest Lebègue: *Boursault-Malherbe, comédien, conventionnel, spéculateur*, Paris 1935, S. 5 ff.; Harkness: *Rosen*, 2003, S. 235 f.; C. P. Strassheim: »Madame Sancy de Parabère«, in: *Rosen-Zeitung* 1/1888, S. 5; Pierre Cochet: »Rosa Alpina Var. Mme Sancy de Parabère«, in: *Journal des Roses* 8/1885, S. 125 | **121** De l'Aigle: *Begegnungen mit Rosen*, 1977, S. 205; Matthias Lebl: *Illustrirter Rosengarten für Rosenfreunde und Rosengärtner*, Stuttgart 1879, S. 45; Camille Bernardin: »Rose Maréchal Niel«, in: *Journal des Roses* 3/1877, S. 12; Nietner: *Die Rose*, 1880, S. 90 u. 120; Betten: *Die Rose, ihre Anzucht und Pflege*, 1922, S. 107 ff. | **123** William Jackson Bean: *Trees And Shrubs Hardy In The British Isles*, Bd. 4, New York 1981, S. 61 f.; Caspar Bauhinus: *Neuw vollkommentlich Kreuterbuch. Das ander Theyl*, Frankfurt 1613, S. 810; Parkinson: *Paradisi in Sole Paradisus Terrestris*, 1629, S. 417 f.; Redouté/Thory: *Les roses*, Bd. 1, 1817, S. 34; Thomas: *The Graham Stuart Rose Book*, 1994, S. 222 f.; William Shakespeare: *A Midsummer-Night's Dream*, in: ders.: *Comedies*, London o. J., S. 413 | **125** Stephen Scanniello: »La Vie en Rose«, in: *Garden Design Magazine* Juni/Juli 1999, S. 102; Robert Buist: *American Flower-Garden Directory*, New York 1860, S. 81; Barbara Schulz: »Redouté: Technik und Druckverfahren«, in: *Redouté: The Roses*, 1999, S. 46 ff.; Thomas: *The Graham Stuart Rose Book,* 1994, S. 217; John Lindley: »Rosa multiflora var. Platyphylla«, in: *Edwards's Botanical Register*, Bd. 16, 1830, S. 1372; John Claudius Loudon: *Arboretum et fruticetum Britannicum*, Bd. 2, London 1838, S. 774 | **127** Dorothee Ahrendt/Gertraud Aepfler: *Goethes Gärten in Weimar*, Leipzig 1994, S. 21 u. 35; Clemens Alexander Wimmer: »Eine Rose bei Goethe. Forschungen über Rosa × francofurtana an Goethes Gartenhaus«, in: *Rosenjahrbuch* 1996/1997, S. 89 ff.; Clusius: *Rariorum plantarum historia*, 1601, S. 115; Bertuch: *Bilderbuch für Kinder,* Bd. 4, 1802, Nr. 30; Nissen: *Alte Rosen*, 1984, S. 64 | **128** Thomas: *The Graham Stuart Rose Book*, 1994, S. 91 | **132** John Scarman: *Gärtnern mit alten Rosen*, München 1997; Samuel Emsweller et al.: *Roses for the Home*, Washington 1960, S. 20; Marianne Stahl/Harry Umgelter: *Pflanzenschutz im Blumen- und Zierpflanzenbau*, Stuttgart 1959, S. 328 ff. | **133** Christopher: *In Search of Lost Roses*, 1989, S. 16 f. | **140–143** Redouté: *The Roses*, 1999; François Joyaux: *La rose, une passion française. 1778–1914*, Brüssel 2002; Kärin Nickelsen: »Zierrat und Nutzen. Die ›Plantae selectae‹ von Christoph Jacob Trew und andere botanische Tafelwerke um 1800«, in: Hans Dickel et al. (Hg.): *Frühneuzeitliche Naturforschung in Briefen, Büchern und Bildern*, Stuttgart 2021, S. 291–310; International Plant Names Index: »Rosa gallica var. officinalis«, https://www.ipni.org/n/60473629-2; Europeana: »François Crépin und das Studium wilder Rosen«, https://www.europeana.eu/de/exhibitions francois-crepin-and-the-study-of-wild-roses/a-rose-is-a-rose-is-a-rose

Bildnachweis

Sofern nicht anders angegeben, wurden alle Abbildungen in diesem Band von der Staatsbibliothek zu Berlin zur Verfügung gestellt.

Umschlagvorderseite The Bishop (Detail), aus: Pierre-Joseph Redouté/Claude-Antoine Thory: *Les roses*, Paris (Signatur: gr.2° Me 12768), Bd. 2, 1821, S. 29, »Rosa Gallica« | **5** Shailer's White Moss (Detail), aus: Redouté/Thory: *Les roses*, Bd. 1, 1817, S. 87, »Rosa Muscosa alba« | **16/17** Burgunderröschen (Detail), aus: Redouté/Thory: *Les roses*, Bd. 3, 1824, S. 107, »Rosa Pomponia Burgundiaca« | **18** Apothekerrose, aus: Redouté/Thory: *Les roses*, Bd. 1, 1817, S. 73, »Rosa Gallica officinalis« | **20** Cécile Brunner, aus: *Journal des Roses* 5/1885, S. 24, Foto: BnF | **22** Celsiana, aus: Redouté/Thory: *Les roses*, Bd. 2, 1821, S. 53, »Rosa Damascena« | **24** Comte de Chambord, aus: Paul Hariot: *Le livre d'or des roses*, Paris 1903 (46 MB 465), Taf. 42 | **26** Double White, aus: Redouté/Thory: *Les roses*, Bd. 2, 1821, S. 99, »Rosa Pimpinellifolia alba flore multiplei« | **28** Duchess of Portland, aus: Redouté/Thory: *Les roses*, Bd. 1, 1817, S. 109, »Rosa Damascena Coccinea« | **30** Général Jacqueminot, aus: Edward Step: *Favourite flowers of garden and greenhouse*, London 1896, S. 28, Foto: © Florilegius / Bridgeman Images | **32** Hermosa, aus: Hippolyte Jamain/Eugène Forney: *Les roses*, Paris 1873 (46 MB 464), Taf. 34, S. 206 | **34** Kaiserin Auguste Viktoria, aus: Julius Hoffmann: *Rosenbuch für Gartenliebhaber*, Berlin 1905 (1 A 73520), Taf. 17, S. 102 | **36** La France, aus: Hariot: *Le livre d'or des roses*, 1903, Taf. 41 | **38** Niphetos, aus: Hariot: *Le livre d'or des roses*, 1903, Taf. 11 | **40** Quatre Saisons, aus: Redouté/Thory: *Les roses*, Bd. 1, 1817, S. 107, »Rosa bifera officinalis« | **42** Rosa persica, aus: Redouté/Thory: *Les roses*, Bd. 1, 1817, S. 27, »Rosa Berberifolia« | **46** Rose du Roi, aus: Jamain/Forney: *Les roses*, 1873, Taf. 58 | **48** Rouletii, aus: Redouté/Thory: *Les roses*, Bd. 1, 1817, S. 115, »Rosa Indica Pumila« | **50** Souvenir de la Malmaison, aus: Hoffmann: *Rosenbuch für Gartenliebhaber*, 1905, Taf. 4 | **52** Tuscany, aus: Friedrich Justin Bertuch: *Bilderbuch für Kinder*, Weimar 1802 (B XXIII, 8-4), Bd. 4, S. 276, Taf. 45 | **54** Versicolor, aus: Redouté/Thory: *Les roses*, Bd. 1, 1817, S. 135, »Rosa Gallica Versicolor« | **58/59** Bullata (Detail), aus: Redouté/Thory: *Les roses*, Bd. 1, 1817, S. 37, »Rosa centifolia Bullata« | **60** Alpen-Rose, aus: Redouté/Thory: *Les roses*, Bd. 1, 1817, S. 57, »Rosa Alpina pendulina« | **64** Blanc Double de Coubert, aus: *Journal des Roses* 2/1897, S. 22, Foto: BnF | **66** Chapeau de Napoléon, aus: Hariot: *Le livre d'or des roses*, 1903, Taf. 60 | **68** Frau Karl Druschki, aus: Hoffmann: *Rosenbuch für Gartenliebhaber*, 1905, Taf. 20 | **70** Kapuzinerrose, aus Redouté/Thory: *Les roses*, Bd. 1, 1817, S. 71, »Rosa Eglanteria var. punicea« | **74** Madame Hardy, aus: *Journal des Roses*, August 1880, S. 126, Foto: BnF | **76** Madame Pierre Oger, aus: Hoffmann: *Rosenbuch für Gartenliebhaber*, 1905, Taf. 14 | **78** Maheka, aus: Redouté/Thory: *Les roses*, Bd. 3, 1824, S. 78, »Rosa Gallica Maheka« | **80** Maiden's Blush, aus: Redouté/Thory: *Les roses*, Bd. 1, 1817, S. 97, »Rosa alba Regalis« | **82** Old Blush, aus: Redouté/Thory: *Les roses*, Bd. 1, 1817, S. 51, »Rosa Indica vulgaris« | **84** Rosa glauca, aus: Redouté/Thory: *Les roses*, Bd. 1, 1817, S. 30, »Rosa Rubrifolia« | **86** Rosa muscosa, aus: Redouté/Thory: *Les roses*, Bd. 1, 1817, S. 41, »Rosa muscosa multiplex« | **88** Rosa rugosa, aus: Redouté/Thory: *Les roses*, Bd. 1, 1817, S. 47, »Rosa Kamtschatika« | **90** Rose des Peintres, aus: Redouté/Thory: *Les roses*, Bd. 1, 1817, S. 25, »Rosa centifolia« | **92** Schottische Zaunrose, aus: Redouté/Thory: *Les roses*, Bd. 1, 1817, S. 125, »Rosa Rubiginosa Cretica« | **94** Semiplena, aus: Redouté/Thory: *Les roses*, Bd. 1, 1817, S. 117, »Rosa alba flore pleno« | **96** Yellow Rose of Texas, aus: Redouté/Thory: *Les roses*, Bd. 3, 1824, S. 19, »Rosa Eglanteria Luteola« | **98** York & Lancaster, aus: Redouté/Thory: *Les roses*, Bd. 1, 1817, S. 137, »Rosa Damascena Variegata« | **102/103** Fuchsrose (Detail), aus: Redouté/Thory: *Les roses*, Bd. 1, 1817, S. 69, »Rosa Eglanteria« | **104** Banksiae, aus: Redouté/Thory: *Les roses*, Bd. 2, S. 43, »Rosa Banksiae« | **106** Beauty of Glazenwood, aus: *Nestel's Rosengarten* 1/1866, S. 25, Foto: Universitätsbibliothek Johann Christian Senckenberg Frankfurt am Main | **108** Blush Noisette, aus: Redouté/Thory: *Les roses*, Bd. 2, 1821, S. 77, »Rosa noisettiana« | **110** Félicité et Perpétue, aus: *Journal des Roses* 4/1884, S. 57, Foto: BnF | **112** Gloire de Dijon, aus: Hariot: *Le livre d'or des roses*, 1903, Taf. 4 | **114** Hundsrose, aus: Andreas Friedrich Happe: *Botanica pharmaceutica*, (2° Ma 17665), Bd. 4, 1800, Taf. 369 | **116** Madame Isaac Pereire, aus: Hariot: *Le livre d'or des roses*, 1903, Taf. 44 | **118** Madame Sancy de Parabère, aus: *Journal des Roses* 5/1885, S. 120, Foto: BnF | **120** Maréchal Niel, aus: Hariot: *Le livre d'or des roses*, 1903, Taf. 8 | **122** Moschus-Rose, aus: Redouté/Thory: *Les roses*, Bd. 1, 1817, S. 33, »Rosa moschata« | **124** Seven Sisters, aus: Redouté/Thory: *Les roses*, Bd. 2, 1821, S. 69, »Rosa Multiflora platyphylla« | **126** Tapetenrose, aus: Redouté/Thory: *Les roses,* Bd. 1, 1817, S. 127, »Rosa Turbinata« | **138/139** Rosa multiflora carnea (Detail), aus: Redouté/Thory: *Les roses*, Bd. 2, 1821, S. 67, »Rosa Multiflora carnea« | **Umschlagrückseite** Petite de Hollande, aus: Redouté/Thory: *Les roses,* Bd. 3, 1824, S. 33, »Rosa Centifolia Burgundiaca«

Nützliche Adressen

Rosengesellschaften

DEUTSCHLAND

Deutsche Rosengesellschaft e.V. (www.rosengesellschaft.de) – 1883 als »Verein deutscher Rosenfreunde« gegründete Vereinigung mit über vierzig regionalen Freundeskreisen; organisiert Fachveranstaltungen, Rosenreisen und Kongresse und gibt neben ihrer Mitgliederzeitschrift auch Fachpublikationen wie das *Rosenjahrbuch* heraus

ÖSTERREICH

Fachgruppe Rosen der Österreichischen Gartenbau-Gesellschaft (ÖGG, www.oegg.or.at)

SCHWEIZ

Gesellschaft Schweizerischer Rosenfreunde (www.rosenfreunde.ch) – 1959 gegründete Vereinigung mit zahlreichen Lokalgruppen; veröffentlicht monatlich das *Rosenblatt* und einmal jährlich die Zeitschrift *Rosa Helvetica*

Rosengärten und Rosenfeste

In den mit * gekennzeichneten Orten bzw. Gärten finden regelmäßig Rosenfeste statt, meist während der Rosensaison im Juni / Juli; die Termine sind im Internet zu finden.

DEUTSCHLAND

(nach PLZ geordnet)

03149 Forst (Lausitz)*: Rosengarten – große historische Parkanlage mit verschiedenen Rosengärten, zahlreichen Veranstaltungen und öffentlichen Führungen

06526 Sangerhausen*: Europa-Rosarium Sangerhausen – mit 80.000 Rosen in 8600 Arten und Sorten die größte Rosensammlung Europas; zahlreiche Veranstaltungen, u. a. Rosenfest mit Rosenumzug

10785 Berlin: Rosengarten im Tiergarten – im 19. Jahrhundert von Peter Joseph Lenné gestalteter, kürzlich restaurierter Garten nahe der Siegessäule

12349 Berlin*: Rosengarten im Britzer Garten – 12.000 Quadratmeter große Rosensammlung in einem Park im Süden Berlins

14109 Berlin/14471 Potsdam: Pfaueninsel und Schloss Charlottenhof – zwei kürzlich restaurierte Rosengärten mit über 400 historischen Rosensorten, die über Kennzahlen identifizierbar sind

20355 Hamburg: Rosengarten im Planten un Blomen – 1993 neu angelegter Bereich in der Hamburger Parkanlage mit 350 Rosensorten

24960 Glücksburg*: Rosarium – Rosengarten am Schlosspark mit über 500 Rosensorten und -arten und einer langen »Allee« aus Rosenbögen

25436 Uetersen*: Rosarium – von den Rosenzüchtern Kordes und Tantau initiierter Rosengarten mit 30.000 Rosen in 830 Arten und Sorten

25704 Meldorf: Historische Rosensammlung – Garten mit seltenen alten Sorten, zusammengetragen von der Rosenkennerin Gerda Nissen, am Schleswig-Holsteinischen Landwirtschaftsmuseum

28359 Bremen: Rosengarten im Rhododendronpark – Sammlung mit 10.000 Rosen in 200 Sorten

30419 Hannover: Niederdeutscher Rosengarten – formal gestalteter »Liebesgarten« des 16. Jahrhunderts in den berühmten Herrenhäuser Gärten

34131 Kassel: Roseninsel Park Wilhelmshöhe – umfangreiche Wild- und Strauchrosensammlung im historischen Landschaftspark

44139 Dortmund*: Deutsches Rosarium im Westfalenpark – eine der größten Rosensammlungen der Welt, in der 3000 Rosensorten und -arten entlang des »Rosenwegs« in verschiedenen Themengärten zu sehen sind

54292 Trier: Rosengarten im Park Nells Ländchen – Rosensammlung von etwa 400 Sorten in einem historischen Landschaftspark

57339 Erndtebrück: Rosengarten Alter Friedhof – ehemaliges Friedhofsgelände mit über 400 verschiedenen, oft seltenen alten Rosensorten

59348 Lüdinghausen*: Rosengarten Seppenrade – von einem Verein gepflegte Anlage mit 24.000 Rosen

59505 Bad Sassendorf*: Rosengarten im Kurpark – mit 11.000 Rosen und jährlichem Rosengartenfest zu Pfingsten

61184 Karben*: Rosenhang – naturnah gestaltete Rosenpflanzung aus über 500 verschiedenen alten Sorten und Wildrosen auf einer Wiese

61231 Bad Nauheim-Steinfurth*: Rosendorf Steinfurth – Rundwanderweg zum Rosenmuseum und zu den Schaugärten der Rosenschulen Ruf, Dräger, Rosenunion und Schultheis; Rosenfest mit Rosenkorso alle zwei Jahre

64283 Darmstadt: Rosenhöhe – klassisch gestaltetes Rosarium mit vorwiegend modernen Rosen in einem historischen Landschaftspark

66482 Zweibrücken*: Rosengarten – mit etwa 45.000 Rosen in 1500 Arten und Sorten eines der größten Rosarien Deutschlands; 550 verschiedene Wildrosen und historische Strauchrosen sind außerdem im Garten der Fasanerie am Stadtrand zu sehen

76530 Baden-Baden: Gönneranlage – nach dem früheren Oberbürgermeister benannter Rosengarten im Stadtzentrum mit etwa 10.000 Rosenstöcken in 400 Sorten; etwas außerhalb liegt der Rosenneuheitengarten, in dem Besucher neue Rosen bewerten dürfen

78465 Insel Mainau: Italienischer Rosengarten und Promenade der Wild- und Strauchrosen – etwa 1000 Rosensorten sind in den Gärten der »Blumeninsel« zu sehen

79415 Bad Bellingen-Hertingen: Landhaus Ettenbühl – 7 Hektar großer »englischer« Garten mit 1000 Rosensorten, Veranstaltungen und Kursen

79809 Weilheim-Nöggenschwiel*: Rosendorf Nöggenschwiel – Dorf im Südschwarzwald mit zwei Rosengärten

81373 München: Rosengarten im Westpark – für die Internationale Gartenausstellung 1983 angelegte Sammlung von 20.000 Rosen in 500 Sorten und Arten

82340 Feldafing: Roseninsel Starnberger See – kürzlich restaurierter historischer Rosengarten mit Hochstammrosen alter Sorten

83308 Trostberg: Rosengarten am Schloss Schedling – der Erhaltung alter Rosensorten aus der Region gewidmete Anlage mit 330 Sorten

83646 Bad Tölz*: Streidlgarten-Rosenpark – Rosengarten am Franziskanerkloster, jährliche Rosentage

96049 Bamberg: Rosengarten an der Neuen Residenz – von Balthasar Neumann entworfener Barockgarten mit 4500 Rosen und Blick über Bamberg

99947 Bad Langensalza*: Rosengarten – fast 450 Arten und Sorten, darunter viele DDR-Züchtungen; Rosenmuseum und Rosenfest

ÖSTERREICH

1010 Wien: Rosengarten im Volksgarten – schöne innerstädtische Anlage zwischen Parlament und Heldenplatz

1020 Wien: Rosarium im Wettsteinpark – über 300 Sorten in einem kreisförmigen Rosengarten am Donaukanal

1220 Wien: Rosengarten im Donaupark – 1964 gepflanzte, 2012 neu angelegte Sammlung mit etwa 1000 Sorten

2500 Baden bei Wien*: Rosarium im Doblhoffpark – barocker Rosengarten mit jährlichen »Badener Rosentagen«

2823 Pitten: Rosengarten – 2500 Rosenstöcke im Garten eines alten Pfarrhofs, der von einem Verein gepflegt wird

3491 Strass im Strassertal*: Marienschlössl – privater Rosengarten mit Rosenverkauf und Seminaren

3553 Seitenstetten*: Hofgarten des Benediktinerstifts – historischer Rosengarten mit alten Sorten und Rosenkranz-Labyrinth

3573 Rosenburg*: Renaissanceschloss Rosenburg – Schaugarten mit englischen Rosen und jährlichen Veranstaltungen zum Thema Rosen

7202 Bad Sauerbrunn*: Rosarium im Kurpark – mit 1600 Rosenstöcken und jährlich stattfindendem Rosenfest

8083 St. Stefan im Rosental: Rosarium – 500 Rosenstöcke in 300 Sorten

SCHWEIZ

1211 Genf: Jardin de roses au parc La Grange – Rosengarten im Stadtpark mit mehr als 400 Rosenstöcken

1470 Estavayer-le-Lac*: Roseraie – hübscher Rosengarten am Neuenburger See; großes Rosenfestival alle zwei Jahre

3006 Bern: Rosengarten – oberhalb der Altstadt gelegener Park mit herrlicher Aussicht und großer Rosen- und Irissammlung

6284 Gelfingen: Rosengarten Schloss Heidegg – barocker Terrassengarten am Schloss mit zahlreichen Rosensorten

6300 Zug: Rosengarten Guggi – kleiner, romantischer Garten mit historischen Rosen und wunderbarer Aussicht über die Stadt

7023 Haldenstein*: Rosengarten Schloss Haldenstein – hübscher, rosenbepflanzter Schlossgarten in der Nähe von Chur

8212 Neuhausen: Rosengarten Charlottenfels – vom Schweizer Rosenkenner Dietrich Woessner angelegtes Rosarium nahe dem Schaffhauser Rheinfall

8400 Winterthur: Rosengarten auf dem Heiligberg – Terrassengarten mit fast 3000 Rosenstöcken in 300 Sorten

8532 Warth*: Rosengarten Kartause Ittingen – größte Schweizer Sammlung historischer Rosen in einem alten Klostergarten

8640 Rapperswil: Rosenstadt Rapperswil – über 20.000 Rosen in drei Rosengärten, darunter ein Duftrosengarten für blinde Menschen

9220 Bischofszell*: Rosenstadt Bischofszell – mehr als zehn verschiedene, in der Altstadt verteilte Rosengärten; jährlich stattfindende Rosenwoche

Bezugsquellen für alte Rosen

Folgende Rosenschulen bieten ein besonders großes Sortiment historischer Rosensorten an:

DEUTSCHLAND

25554 Neuendorf-Sachsenbande: Historische Rosen Schütt, www.historische-rosen-schuett.de

31737 Rinteln: Caroline Fechner Pflanzenhandel, www.rosenbaumschule.com

61231 Bad Nauheim-Steinfurth: Bioland Rosenschule Ruf, www.rosenschule.de

61231 Bad Nauheim-Steinfurth: Rosenhof Schultheis, www.rosenhof-schultheis.de

87700 Memmingen: Schmid Gartenpflanzen, www.schmid-gartenpflanzen.de

90518 Altdorf: Rosengärtnerei Kalbus, www.rosen-kalbus.de

99947 Bad Langensalza: Rosenschule Martin Weingart, www.weingart-rosen.de

ÖSTERREICH

3430 Tulln/Donau: Praskac Pflanzenland, www.praskac.at

3972 Bad Großpertholz: Artner Silva Nortica Bio-Baumschule, www.biobaumschule.at

SCHWEIZ

1123 Aclens: Roseraie Alain & Gisèle Tschanz, www.rosiers.ch

5605 Dottikon: Huber Rosen- und Gartencenter, www.rosen-huber.ch

Roseninformationen im Internet

Helpmefind.com: Datenbank mit Informationen, Fotos und Kommentaren zu mehr als 44.000 Rosen (englisch)

Rose-Biblio (roses.shoutwiki.com): Informationen und historische Literatur zu alten und neuen Rosensorten

Welt-der-rosen.de: Sammlung von Informationen und Links zu Rosensorten, Literatur und Adressen

Sortenregister

Hervorgehobene Seitenzahlen verweisen auf Abbildungen.

S

T

U

V

W

Y

Z

Sofia Blind, geboren 1964, lebt als Autorin, Literaturübersetzerin und Gärtnerin im Lahntal. In ihrem historischen Garten wachsen Rosenklassiker wie Maiden's Blush und Rose de Resht, aber auch seltenere Sorten wie Tour de Malakoff und die Kletterrose Mermaid. Zuletzt erschienen bei DuMont ihre Bücher *Wörter, die es nicht auf Hochdeutsch gibt* (2019) und *Die alten Obstsorten* (2020), außerdem übersetzt sie u. a. die Werke von John Lewis-Stempel und Nigel Slater ins Deutsche.

Dieses Buch widmet sie den drei Rosenfreundinnen Moni, Dolly und Emilie: ihrer Mutter, Großmutter und Urgroßmutter.

Die Staatsbibliothek zu Berlin – Preußischer Kulturbesitz ist ein Zentrum der Literaturversorgung und eine der bedeutendsten Bibliotheken weltweit. Im Jahr 1661 als »Churfürstliche Bibliothek zu Cölln an der Spree« gegründet, umfassen ihre Bestände heute mehr als elf Millionen Druckschriften, eine ständig wachsende Zahl an elektronischen Ressourcen sowie umfangreiche Sondersammlungen mit oft unikalen Materialien, wie zum Beispiel Musikautographe, abendländische und orientalische Handschriften, Inkunabeln, Rara (seltene und kostbare Bücher), Karten und historische Zeitungen. Als Archivbibliothek hat sie in ihren beiden Häusern – Unter den Linden und am Kulturforum – den Auftrag, nationales und Weltkulturerbe zu sammeln und dauerhaft zu bewahren.
www.staatsbibliothek-berlin.de

Von Sofia Blind ist bei DuMont
außerdem erschienen:

192 Seiten / ISBN 978-3-8321-9988-3

Das bei der Produktion dieses Buches entstandene CO_2 wurde durch die Finanzierung von Klimaschutzprojekten kompensiert: climate-id.com/17531-2110-1001/de

1. Auflage 2023

In Zusammenarbeit mit der

Mit einem Beitrag von Katrin Böhme

Verlagskoordination: Kathrin Nick, Vera Maas
Lektorat: Timea Wanko
Umschlag und Layout: Birgit Haermeyer
Satz: Hilde Knauer

Repro: PPP Pre Print Partner, Köln
Druck und Verarbeitung: DZS-Grafik, Ljubljana

Printed in Slovenia

ISBN 978-3-8321-6926-8
www.dumont.buchverlag.de